Paulina Thurm

Kleine
Meditationen
für jede Gelegenheit

Paulina Thurm

Kleine *Meditationen* für jede Gelegenheit

Entspannt und gelassen in wenigen Minuten

mvgverlag

Bibliografische Information der Deutschen Nationalbibliothek:
Die Deutsche Nationalbibliothek verzeichnet diese Publikation in der
Deutschen Nationalbibliografie; detaillierte bibliografische Daten sind
im Internet über http://d-nb.de abrufbar.

Für Fragen und Anregungen:
info@mvg-verlag.de

Originalausgabe
1. Auflage 2021
© 2021 by mvg Verlag, ein Imprint der Münchner Verlagsgruppe GmbH
Türkenstraße 89
D-80799 München
Tel.: 089 651285-0
Fax: 089 652096

Redaktion: Sabine Zürn
Umschlaggestaltung: Manuela Amode
Umschlagabbildung: Shutterstock.com/oksanka007, Nadia Grapes, Naticka.
Layout: Manuela Amode
Satz: Christiane Schuster | www.kapazunder.de
Druck: Florjancic Tisk d.o.o., Slowenien
Printed in the EU

ISBN Print 978-3-7474-0279-5
ISBN E-Book (PDF) 978-3-96121-629-1
ISBN E-Book (EPUB, Mobi) 978-3-96121-630-7

Weitere Informationen zum Verlag finden Sie unter

www.mvg-verlag.de

Beachten Sie auch unsere weiteren Verlage unter
www.muenchner-verlagsgruppe.de

Inhalt

Meditationen bei persönlichen Herausforderungen

Meditationen bei intensiven Emotionen

Meditationen für zwischenmenschliche Beziehungen

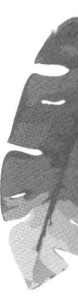

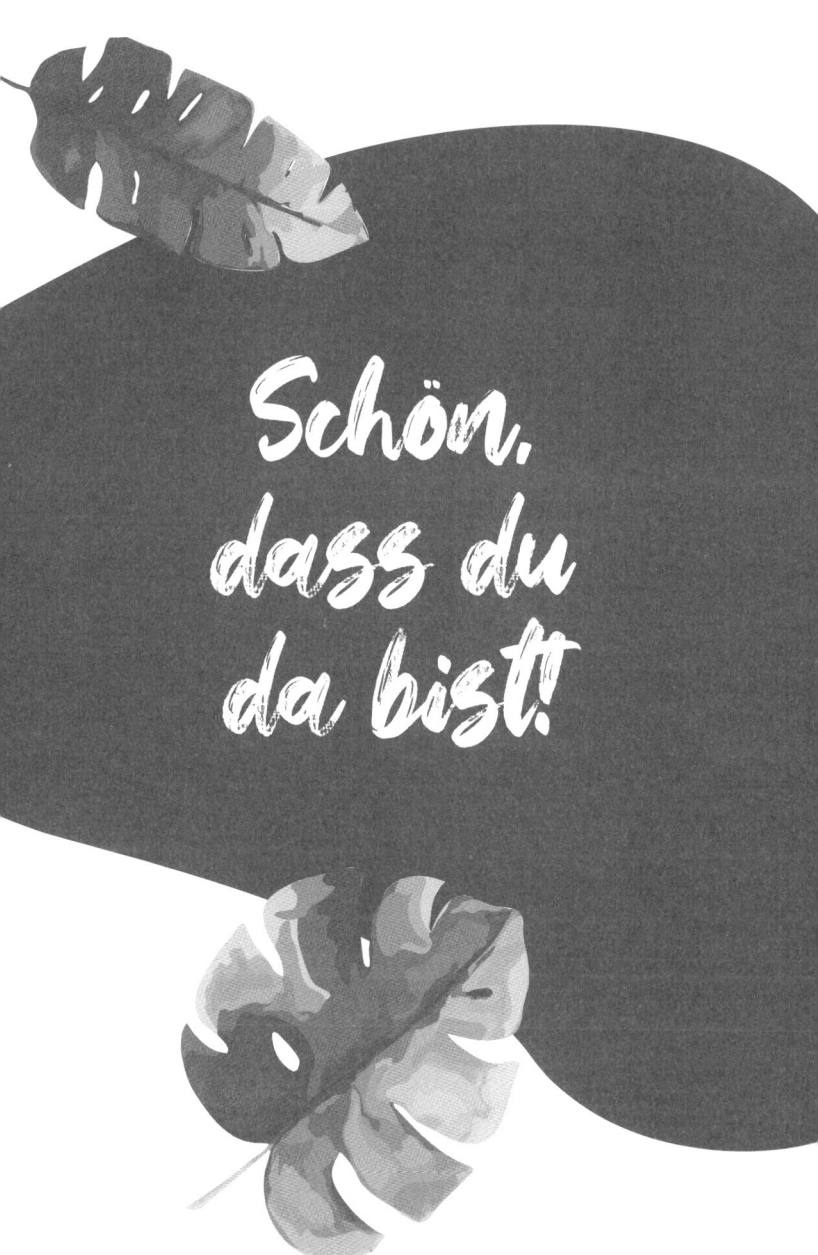

Schön,
dass du
da bist!

Willkommen zu deiner persönlichen Auszeit, deiner Me-Time oder deinem Date mit dir selbst.

Es ist großartig, dass du dich dazu entschlossen hast, dich selbst besser kennenzulernen, herauszufinden, was du brauchst, um glücklicher zu sein, und die Antworten auf die Fragen des Lebens in dir selbst zu finden.

Willkommen zu deiner Meditation

Die Meditation kann ein wunderbarer und kraftvoller täglicher Begleiter in deinem Leben sein, wenn du möchtest. Sie kann dir dabei helfen, dich selbst noch mehr anzunehmen und liebevoller mit dir umzugehen. Du kannst durch sie sogar lernen, wie du Konflikte gelassener meisterst und mit negativen Gedanken und Gefühlen konstruktiv umgehst. Mithilfe der Meditation kannst du alltägliche Situationen und Herausforderungen auf eine neue und achtsamere Weise erleben, sie neu bewerten und dadurch deinen Weg nachhaltiger und zufriedener gestalten.

Du hast den ersten Schritt in diese Richtung bereits getan, indem du dieses Buch aufgeschlagen hast. Vielleicht hast du aber auch schon Erfahrung und meditierst regelmäßig? Ganz egal, ob du gerade erst mit dem Meditieren anfängst oder schon seit einer Weile dabei bist – ich wünsche dir, dass dieses Buch dich inspiriert, wie du Meditation einfach und unkompliziert in deinen Alltag integrieren kannst. Gleichzeitig möchte ich dir einen Begleiter an die Hand geben, mit dem du die Herausforderungen des Lebens mit mehr Leichtigkeit meisterst.

Ich habe dieses Buch geschrieben, weil es das Buch ist, das ich mir gewünscht hätte, als ich selbst mit dem Meditieren begann. Ich meditiere nun schon seit einigen Jahren. Kennengelernt habe ich die Meditation in einer Zeit meines Lebens, als mir ein liebevoller und achtsamer Umgang mit mir und meiner Umgebung noch fremd war. Damals fühlte ich mich wie gefangen in meiner Gefühlswelt und als Opfer meiner negativen Gedanken, wobei ich es doch selbst war, die sie heraufbeschwor und immer wieder bestätigte.

Die Meditation hat einen wichtigen Beitrag dazu geleistet, dass ich mich endlich so annehmen konnte, wie ich bin. Endlich war ich in der Lage, mich und meine Gefühle besser zu verstehen. Durch die Kraft, die ich aus der Meditation schöpfen konnte, gelang es mir nach und nach, besser mit Herausforderungen umzugehen, was schließlich dazu führte, dass mein Leben inzwischen schöner und glücklicher ist, als ich es mir jemals hätte ausmalen können.

Weil Meditieren mir geholfen hat, möchte ich, dass auch möglichst viele andere Menschen davon profitieren. Nachdem ich über die Jahre hinweg theoretisch und durch meine eigenen Erfahrungen viel über Meditation gelernt hatte, absolvierte ich Ausbildungen in Meditations- und anderen Entspannungstechniken. Im Januar 2019 startete ich meinen Podcast »Meditation für jeden Tag«, um dort meine Meditationen kostenlos zur Verfügung zu stellen. Jede Woche leite ich eine geführte Meditation an.

Seither habe ich weit über 100 Meditationen veröffentlicht. Ihre Themen sind so vielfältig wie das Leben und reichen von »Anspannungen loslassen« über »Deinen Körper wertschätzen« bis hin zu »Stärke deinen Mut«.

Um den Menschen die Möglichkeit zu geben, auch die stille Meditation einmal kennenzulernen, reifte in mir die Idee, die Meditationsanleitungen aufzuschreiben und als Buch herauszugeben. Dazu habe ich die einzelnen Meditationen verschiedenen Alltagssituationen zugeordnet, sodass du für jede Gelegenheit die passende Meditation zur Hand hast. Mit diesen Anleitungen kannst du in Stille meditieren, hast aber eine Art »roten Faden«, an dem du dich orientieren kannst.

Zusätzlich habe ich für dich einige Meditationen aus diesem Buch als geführte Audio-Meditationen aufgenommen und sie auf meiner Website als kostenlosen MP3-Download für dich bereitgestellt. Du findest sie unter:

paulinathurm.com/downloads-buch

Bevor du mit der ersten Meditation beginnst, findest du auf den folgenden Seiten noch etwas Hintergrundwissen, das dir dabei helfen soll, einen noch besseren Zugang zum Meditieren zu finden.

Ich hoffe sehr, dass dir meine Meditationen gefallen und wir nun oft gemeinsam meditieren werden.

Deine

Paulina Thurm

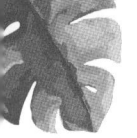

Was ist Meditation?

Meditation, die:

Lateinisch: »nachdenken«, »zur Mitte ausrichten«; Tibetanisch: »vertraut werden mit dir«; Sanskrit: »Das Selbst kultivieren«

Um Meditation ist in letzter Zeit ein regelrechter Hype entstanden. Und das zu Recht, denn Meditieren ist eine sehr erfüllende Methode, um dein Leben bewusster und zufriedener zu gestalten. Gleichzeitig bestehen aber auch noch Vorurteile, und vielen ist nicht klar, was Meditation bedeutet und welchen praktischen Nutzen sie hat. An mancher Stelle wird Meditation in die Nähe von Religion oder Esoterik gerückt. Aber was hat das mit modernen Meditationstechniken zu tun?

Zuerst ein wenig Geschichte

Schon vor etwa 5000 Jahren führten Geistliche und Gelehrte verschiedener Kulturen Gebetsmeditationen aus. Die ältesten Überlieferungen stammen aus Indien und beschreiben Atem- und Konzentrationsübungen. Aus dieser sehr einfachen Meditationspraxis entwickelten sich schließlich das yogische und das buddhistische Meditieren. Das höchste Ziel der buddhistischen Meditation ist die schrittweise Auflösung des Egos, um sich dem Zustand der Erleuchtung zu nähern. Auch im Christentum, im Judentum und im Islam sind Meditation bzw. Kontemplation als eine Form der konzentrierten, stillen spirituellen Übung bekannt. Dort gilt Meditation als ein religiöser Erfahrungsweg, der zur Erleuchtung oder hin zu Gott führt.

Und heute?

Die moderne Meditationspraxis hat sich mit der achtsamkeitsbasierten Methode der Stressbewältigung von den Religionen gelöst. Achtsamkeit bedeutet, den gegenwärtigen Moment bewusst und ohne Bewertung wahrzunehmen. Weil es bei der Achtsamkeitsmeditation darum geht, innerlich und äußerlich zur Ruhe zu kommen, finden auch jene Menschen Zugang dazu, die dem Religiösen oder Spirituellen nichts abgewinnen können.

Die moderne Achtsamkeitsmeditation wird wegen ihrer positiven Effekte auf Körper und Geist angewendet. Stress wird reduziert, Gesundheit und Wohlbefinden werden gesteigert, das Glücksempfinden wird intensiver. Zudem werden

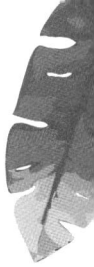

Konzentration, Gelassenheit und sogar Kreativität gefördert. Das funktioniert so gut, dass in vielen erfolgreichen Unternehmen weltweit regelmäßig gemeinsam meditiert wird. Immer häufiger werden Meditationsräume für die Belegschaft eingerichtet und Achtsamkeitsseminare auf Firmenkosten angeboten.

Es gibt also für jeden Menschen den passenden Zugang zur Meditation. Bei der modernen Achtsamkeitsmeditation musst du dir nicht einmal eine Intention überlegen. Du kannst einfach anfangen und schon nach kurzer Zeit die positiven Effekte genießen. Ganz egal, woher du kommst und wie alt du bist – du brauchst nur den Willen, mit der Meditation anzufangen, um dein Leben etwas glücklicher, gesünder und selbstbestimmter zu leben.

Die folgende einfache Achtsamkeitsmeditation ist ein guter Einstieg für dich:

1. Schließ deine Augen und komm in diesem Moment an.

2. Spüre in deinen Körper hinein und lass deinen Atem fließen.

3. Sollten dir nun Gedanken kommen, dann nimm sie bewusst wahr und lass sie anschließend einfach weiterziehen.

4. Komm wieder zurück zur Beobachtung deines Atems.

Du siehst, der Einstieg ist gar nicht schwer. Meditation hat auch nicht zwingend etwas mit der Abwesenheit von Gedanken zu tun oder damit, deinen Geist zu leeren. Es geht eher darum, deine Gedanken und deine innere Welt bewusst und wertfrei wahrzunehmen und kennenzulernen, um positive Veränderungen anzustoßen und bewusster im Moment zu leben.

Nachdem du nun ein paar Zeilen zum Ursprung der Meditation und ihrer Rolle in unserer heutigen Zeit gelesen hast, möchte ich dir noch ein paar praktische Informationen an die Hand geben, wie Meditation dich unterstützen kann und warum sie so großartig ist.

Wie Meditation dich unterstützt

In den letzten Jahren erfreut sich die Meditation einer stetig wachsenden Beliebtheit. Menschen jeden Alters und Geschlechts auf der ganzen Welt beginnen die Vorzüge des regelmäßigen Meditierens zu entdecken und zu nutzen. Und es werden jeden Tag mehr.

Heutzutage sind wir permanent einer wahren Flut von äußeren Reizen ausgesetzt. Es beginnt am Morgen, wenn wir das Radio anstellen oder durch die Social-Media-Kanäle scrollen, und abends geht es weiter, wenn die Leuchtreklame erstrahlt. Die Nervenenden im ganzen Körper und in allen Sinnesorganen sind unter ständigem »Dauerbeschuss«. Diese gewaltige Menge an Reizen verursacht eine Menge Stress – bewussten und unterbewussten.

Die gute Nachricht ist: Mit Meditation kannst du dem Stress aktiv etwas entgegensetzen. Durch die praktizierte Achtsamkeit werden physiologische Veränderungen der Hirnstruktur angestoßen. Neuronale Verbindungen werden geknüpft und

nach und nach gefestigt. Du kannst es dir so vorstellen: Jede Form von mentaler Aktivität hinterlässt Spuren in der neuronalen Struktur unseres Gehirns. Durch regelmäßige Wiederholung wird aus den Spuren allmählich ein Pfad und aus dem Pfad schließlich eine stabile, belastbare Straße. Unsere Hirnstruktur ist also keinesfalls statisch, sondern formbar – und genau das machen wir uns zunutze.

Unser Gehirn filtert alle äußeren Signale in wichtige und unwichtige Informationen. Unwichtiges gelangt gar nicht erst in unser Bewusstsein. Wir wären sonst kaum in der Lage, auch nur einen einzigen Moment klar zu erleben angesichts der unfassbaren Menge an Reizen, die in jeder Sekunde auf uns einprasseln. Da wir jetzt wissen, dass wir aktiv unsere Hirnstruktur – also die Struktur unseres Bewusstseins – beeinflussen können, sind wir auch in der Lage, unsere Art der Wahrnehmung und dadurch unser Glücksempfinden zu verwandeln.

Jede Handlung hat ihren Ursprung in einem Gedanken

Die allermeisten dieser Gedanken sind unbewusste Gedanken. Damit es uns gelingt, unsere Gedanken bewusst zu wählen, hilft es, sie in der

Meditation zu beobachten und uns so bewusst zu werden, was wir den ganzen Tag über eigentlich denken. Wir verbringen den Großteil des Tages damit, wie im »Autopilot« unser tägliches Programm abzuspulen. Das ist auch ganz natürlich, speichert und wiederholt unser »Steinzeithirn« doch Verhaltensmuster und Programme, mit denen es ihm einst nachweislich gelang, den Tag zu überstehen, ohne von Mammuts zertrampelt oder von Säbelzahntigern aufgefressen zu werden. Dafür dürfen wir dem Steinzeithirn auch dankbar sein, aber die Meditation lässt uns in der heutigen Zeit ohne Mammuts und Säbelzahntiger selbst den Platz hinter dem Steuer einnehmen. Statt nur Impulsen nachzugehen und auf Reize zu reagieren, können wir selbst agieren und erschaffen.

Mithilfe der in der Meditation erlernten Achtsamkeit gelingt es uns, in herausfordernden Situationen einen kühlen Kopf zu bewahren und bedachte anstelle von reflexartigen Entscheidungen zu treffen. Dadurch sind Konflikte und Belastungen des Alltags besser zu meistern. Je regelmäßiger du meditierst, desto einfacher findest du deinen gelassenen Weg durch den Tag.

Die Meditationen in diesem Buch können dir dabei helfen, deine innere Welt friedvoll, liebevoll und positiv zu gestalten – achtsam und bewusst. Eine liebevolle Beziehung zu dir selbst hilft dir,

auch liebevolle Beziehungen zu anderen einzuge-
hen und diese zu pflegen. So kannst du aus deinem Inneren heraus deine äußere Welt gestalten.
Indem du in Selbstliebe Entscheidungen triffst,
beeinflusst du dein Leben nachhaltig positiv.

Wie du meditieren kannst

Wie geht Meditieren denn nun? Gibt es Regeln? Tutorials? Ungeschriebene Gesetze? Du brauchst dich nicht zu sorgen – so streng wird es nicht.

Es gibt viele Formen der Meditation. Du kannst damit beginnen, dich achtsam auf etwas zu konzentrieren, zum Beispiel auf deinen Atem, deinen Körper oder auf ein inneres Bild. Auf diese Weise erreichst du innere Ruhe, um dich mit dir selbst zu verbinden.

In diesem Buch habe ich einige Meditationsarten für dich zusammengetragen. Ganz nach Belieben, je nach Tageszeit oder Anlass kannst du dir eine Meditation aussuchen, die dich anspricht. Lies sie dir am besten ein paar Mal durch und geh dabei in Gedanken schon einmal mit. So verinnerlichst du die Schritte und bereitest dich unterbewusst sogar schon auf die Meditation vor.

Solltest du einmal den nächsten Schritt vergessen, hast du zwei Möglichkeiten: Du kannst entweder intuitiv weitermachen oder einfach kurz nachlesen. Beides ist okay. Richte deine Aufmerksamkeit wieder für einige Momente auf deinen Atem und dann fahr mit dem nächsten Schritt fort.

Der Zeitpunkt für deine Meditation

Je öfter und regelmäßiger du meditierst, desto leichter wird es dir fallen. Du könntest aus deiner Meditation eine Routine entwickeln, um die Regelmäßigkeit beizubehalten.

Du kannst dir zum Beispiel vornehmen, jeden Tag der Woche eine Meditation auszuprobieren, und das wie eine persönliche positive Challenge zur Steigerung deines Wohlbefindens angehen. Viele Menschen meditieren zur gleichen Tageszeit, zum Beispiel morgens, um die frische Energie des neuen Tages zu nutzen.

Probiere gern verschiedene Tageszeiten aus, um herauszufinden, welche für dich am besten passt. Es gibt dabei kein Richtig oder Falsch.

Die Dauer deiner Meditation

Wie lang du meditieren möchtest, kannst du ganz nach deinen Vorlieben und Bedürfnissen entscheiden. Für die einen sind schon fünf Minuten ausreichend, während die anderen sich gern 20 Minuten

oder mehr Zeit nehmen. Es gibt kein Richtig oder Falsch und du musst dich auch nicht unnötig unter Druck setzen, eine bestimmte Zeit lang zu meditieren. Am wichtigsten ist, dass du jeden Schritt in Ruhe und bewusst angehst. Folge den einzelnen Schritten in deinem Tempo – es geht weder darum, schnell fertig zu sein, noch musst du die Meditation auf eine bestimmte Zeitspanne ausdehnen. Du kannst völlig ohne Druck und ganz intuitiv vorgehen.

Diese Zeit ist deine »Me-Time« und gehört nur dir. Genieße, dass es jetzt mal nur um dich gehen darf. Da kann es auch mal vorkommen, dass du die Zeit vergisst, und das ist vollkommen in Ordnung.

Tipp

Solltest du kurz vor einem wichtigen Termin meditieren, so stell dir eine sanfte Melodie als Weckton ein. So kannst du deine Meditation sanft beenden und verpasst keinen Termin.

Der Ort deiner Meditation

Vielleicht möchtest du dir in deiner Wohnung oder in deinem Zimmer einen besonderen Platz einrichten für dein tägliches Date mit dir selbst. Besonders am Anfang kann das sehr hilfreich sein, denn der immer gleiche Ort wirkt wie ein Anker, der dich noch schneller in einen meditativen Zustand einkehren lässt.

Besonders bei Meditationen, die mit Belastungen und persönlichen Herausforderungen zu tun haben, ist es wichtig, einen Rückzugsort zu wählen, an dem du dich sicher und geborgen fühlst. Wieder andere Meditationen in diesem Buch laden dich dazu ein, an besonderen Orten zu meditieren, wie zum Beispiel in der Badewanne oder in der Bahn.

Mit der Zeit kannst du auch immer wieder neue Plätze ausprobieren und so deine individuellen Kraftorte finden.

Deine Körperhaltung

Viele Menschen haben das Bild eines Meditierenden im Schneider- oder Lotussitz im Kopf – und wenn du magst, dann kannst du eine dieser Haltungen wählen. Meditieren kannst du jedoch auch in so gut wie jeder anderen Position.

Deine Meditationshaltung sollte so bequem sein, dass sie dich nicht vom Meditieren abhält, sie sollte dich aber nicht zum schnellen Einschlafen verleiten, es sei denn, du machst eine Einschlafme-

ditation. Bei vielen Anleitungen in diesem Buch gebe ich dir eine Empfehlung, wenn mir eine liegende oder sitzende Position als besonders sinnvoll erscheint.

Deine innere Haltung

Beim Meditieren geht es erst mal darum, das wahrzunehmen, was gerade ist – ohne es in diesem Moment anders haben zu wollen. Jetzt gerade ist es, wie es ist. Möglicherweise kannst du im nächsten Moment darauf einwirken und vielleicht ist das auch empfehlenswert. Doch im ersten Schritt erkennst du einfach an, was ist, ohne Bewertung, ohne Versuch der Einflussnahme. Nimm aufmerksam wahr, was in deiner inneren Welt los ist.

Mit einer unvoreingenommenen neutralen Haltung ohne überzogene Erwartungen kannst du dich am besten entspannen und auf deine Meditation einlassen.

Ablenkungen

Es ist normal, dass beim Meditieren Ablenkungen auftauchen, meist in Form von Gedanken, die uns von der Meditation wegtragen wollen. Ob wir dies zulassen, liegt an uns. Durch regelmäßiges Meditieren kannst du üben, deine Gedanken achtsam wahrzunehmen, um zu entscheiden, ob du mit einem Gedanken mitgehen möchtest oder nicht. Dabei ist es wichtig, dir selbst liebevoll und verständnisvoll zu begegnen, statt dich innerlich dafür zu tadeln. Nimm die Ablenkung einfach wahr, gestehe ihr einen Platz im Moment zu und lass den Gedanken dann wieder friedlich und liebevoll ziehen.

So gehst du auch mit Ablenkungen von außen um, wie beispielsweise Straßengeräuschen. Nimm sie wahr, registriere, dass sie dich für einen Moment abgelenkt haben, und wende dich wieder liebevoll deiner Meditation zu.

Augen geschlossen oder offen?

Bei vielen Meditationen bietet es sich an, die Augen zu schließen. So kannst du deinen Körper besser spüren und auch deine Gedanken deine und Gefühle besser wahrnehmen. Wenn du mit Visualisierungen meditierst, kannst du mit geschlossenen Augen leichter innere Bilder entstehen lassen.

Wenn du die Augen gern offen lassen möchtest, dann richte sie am besten auf einen Punkt vor dir, der keine Ablenkungen bereithält.

Visualisierung

In vielen meiner Meditationsanleitungen machen wir uns unsere Vorstellungskraft zunutze: Wir visualisieren. Visualisierung ist ein kraftvolles Instrument deines Geistes. Seit einiger Zeit weiß man, dass das Visualisieren ähnliche Effekte auf einen Menschen hat, als wenn er eine Situation tatsächlich erleben würde. Im Körper werden dieselben Prozesse in Gang gesetzt und Hormone ausgeschüttet. Je lebhafter und detailreicher du deine Visualisierung gestaltest, desto besser.

Vielleicht fällt es dir am Anfang noch schwer, mit inneren Bildern zu arbeiten. Je öfter du dich darin übst und je geduldiger du mit dir bist, desto besser wird es dir gelingen. Das größte Hindernis dabei ist, das »perfekte« Bild vor Augen haben zu wollen. Das ist unnötig und setzt dich nur unter Druck. Frag dich lieber: Wie könnte es aussehen? Warte ab, welche Bilder dir in den Sinn kommen.

Bevor wir loslegen

Die Meditationen in diesem Buch können dich bei deinen täglichen Herausforderungen unterstützen – doch sie sind kein Wunder- oder Allheilmittel. Aus diesem Grund möchte ich dich darauf hinweisen, dass die Meditationen kein Ersatz für eine Therapie oder ärztliche Behandlung sind. Falls du krank oder oft niedergeschlagen bist oder dich massive Ängste belasten, such bitte eine medizinische oder therapeutische Fachkraft auf. Es ist völlig in Ordnung, Hilfe in Anspruch zu nehmen. Meditation kann sich in vielen Gelegenheiten als hilfreich erweisen und dich begleiten auf deinem Weg in ein achtsames und glückliches Leben. Ich wünsch dir viel Freude beim Meditieren!

Mit
Meditation
durch
den Tag

Guten-Morgen-Meditation

Mit dieser kurzen Morgenmeditation startest du positiv und bewusst in den Tag. Die Energie des Morgens begleitet dich durch den ganzen Tag. Die Meditation hilft dir, dich klar auszurichten und schon früh am Morgen zu entscheiden, wer und wie du heute gern sein möchtest.

So geht's los

Du kannst diese Meditation im Bett machen, direkt nach dem Aufwachen oder im Laufe deiner Morgenroutine.

Wenn du noch müde bist, dann empfehle ich dir, dich für deine Meditation aufrecht hinzusetzen. So ist die Wahrscheinlichkeit geringer, dass du aus Versehen wieder einschläfst.

Schließ deine Augen und nimm ein paar tiefe Atemzüge. Atme tief durch die Nase ein und durch den Mund wieder aus. Nimm für ein paar Momente wahr, wohin dein Atem fließt und wo im Körper du ihn wahrnehmen kannst. Das kann zum

Beispiel der leichte Luftstrom an deiner Nasenspitze sein oder auch deine Bauchdecke, die sich hebt und senkt.

Nach einigen tiefen bewussten Atemzügen kannst du deinen Atem wieder ganz von allein fließen lassen. Beobachte einfach nur, wie er ein- und ausströmt, und stimme dich dabei auf deine Meditation ein.

Deine Meditation

1. Fang an, deinen Tag zu visualisieren. Stell dir bildlich vor, wie es nach der Meditation für dich weitergeht. Was machst du? Wo bist du? Vielleicht kommen dir einzelne Bilder in den Sinn oder sogar ein kleiner innerer Film.

2. Überlege dabei auch, wer und wie du heute sein möchtest. Was möchtest du heute tun, damit es ein guter Tag für dich wird? Wie möchtest du anderen Menschen begegnen? Und wie möchtest du dir selbst begegnen?

3. Such dir eine Eigenschaft aus, die dich heute durch deinen Tag begleiten soll. Ist es Geduld? Vertrauen? Mut? Diese Eigenschaft kannst du dir tagsüber immer wieder ins Gedächtnis rufen.

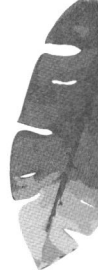

4. Visualisiere noch einmal deinen Tag und stell dir vor, wie du ihn mithilfe deiner Eigenschaft erlebst. Wie unterstützt sie dich dabei, deinen Tag so zu gestalten, damit du abends zufrieden mit dir und deinem Tag sein darfst? Spüre das Gefühl der Zufriedenheit am Abend schon jetzt in dir.

5. Mal dir aus, wie gut es sich anfühlen wird, deinen Tag auf diese Weise zu gestalten. Lass dabei die Vorfreude in dir wachsen: Ein neuer Tag erwartet dich und du darfst aktiv wählen, wie du ihn erleben möchtest!

Zum Schluss

Lass deinen Atem wieder etwas kräftiger werden und stell dir vor, wie du die Müdigkeit aus deinem Körper ausatmest. Lass bei jedem Einatmen die Vorfreude auf deinen Tag sich immer mehr in dir ausbreiten.

Beginne, dich etwas zu bewegen. Kreise beispielsweise deine Handgelenke sanft und lass dann die Bewegungen immer größer werden. Du kannst dich auch dehnen und strecken, um so deinen ganzen Körper zu mobilisieren. Schenk dir selbst ein Lächeln, öffne deine Augen und beginne deinen Tag genau wie in deiner Visualisierung.

Unterwegs in Bus und Bahn

Meditieren kannst du nicht nur zu Hause. Auch der Weg zur und von der Arbeit bietet sich dafür an. Es ist egal, ob du mit dem Bus oder der Bahn unterwegs bist – wichtig ist nur, dass du nicht selbst am Steuer sitzt. Immer wenn du zwischendurch ein paar Minuten Zeit hast, kannst du sie für diese kurze Meditation nutzen. Stille wirst du in den öffentlichen Verkehrsmitteln nur selten finden. Daher werden wir die Umgebungsgeräusche in die Meditation mit einfließen lassen.

So geht's los

Werde dir zunächst deiner Umgebung bewusst. Sitzt oder stehst du? Bist du in einem Bus oder in einem Zug? Nimm wahr, wo du gerade bist. Lass alle Eindrücke auf dich wirken.

Spüre den Sitz oder den Boden unter dir. Spüre die Vibrationen, die das Fahrzeug erzeugt, wie es beschleunigt und abbremst. Fühle, wie du dich mithilfe des Verkehrsmittels fortbewegst, obwohl du dich nicht selbst bewegst.

Deine Meditation

1. Schließ deine Augen und richte deine Aufmerksamkeit auf dein Gehör. Was kannst du hören? Sind es Geräusche oder Durchsagen? Vielleicht ein leises Pfeifen des Windes durch ein Fenster oder eine Fensterdichtung? Oder die Fahrgeräusche, das Rollen der Räder oder die Stimmen der anderen Fahrgäste? Nimm alles achtsam wahr und betrachte es wertfrei.

2. Bleib für eine Weile beim stillen Zuhören. Sollten dir wertende Gedanken kommen, so nimm sie einfach nur wahr, lass sie ziehen und widme dich dann wieder voll und ganz deinem Hörempfinden.

3. Dann richte deine Aufmerksamkeit auf deinen Atem. Beobachte für eine Weile, wie die Luft in dich hinein- und wieder hinausströmt. Sei ganz bei dir, auch wenn du weiterhin Umgebungsgeräusche wahrnimmst.

4. Verbinde deine akustischen Eindrücke mit dem achtsamen Atmen, indem du dich während deiner Atemzüge auf die Umgebungsgeräusche fokussierst, zum Beispiel so: »Einatmend höre ich eine Durchsage, ausatmend höre ich, wie sich zwei Frauen unterhalten.« Verwende deine eigenen Wahrnehmungen.

Zum Schluss

Für diese Achtsamkeitsmeditation brauchst du nur wenige Minuten, du kannst sie aber auch bis zu deinem Ziel fortführen. Vergiss aber das Um- oder Aussteigen nicht!

Ich wünsche dir viel Freude dabei, deine täglichen Wege neu zu entdecken!

Entspannung zwischendurch

Der Alltag kann uns zuweilen an unsere Grenzen bringen und uns sehr erschöpfen. Nicht jeder hat die Möglichkeit, sich für längere Zeit zurückzuziehen und Energie zu tanken. Die gute Nachricht ist: In einem entspannten Zustand kannst du deine Akkus in ein paar Minuten wieder etwas aufladen. Wenn du einen schnellen Entspannungsimpuls brauchst, um wieder geistig und körperlich erfrischt zu sein, probiere es doch einmal mit dieser Meditation.

So geht's los

Du kannst für diese Meditation entweder an deinem Arbeitsplatz bleiben oder dir während deiner Pause einen Ort suchen, an dem du etwas Ruhe hast. Wo auch immer du bist – nimm dir einen Moment, um bewusst dort anzukommen.

Starte mit ein paar tiefen Atemzügen. Atme tief durch die Nase ein und langsam und vollständig durch den Mund wieder aus. Mit jedem Atemzug atme Gelassenheit ein und Anspannung aus.

Während dein Körper sich durch die Atmung schon zu entspannen beginnt, nimm wahr, wohin dein Atem fließt und wo im Körper du ihn spüren kannst. Spüre, wie die Luft durch deine Nase einströmt und wie sich deine Bauchdecke bei jedem Atemzug hebt und senkt.

Nachdem du für eine Weile bewusst tief ein- und ausgeatmet hast, lass deinen Atem wieder ganz von allein fließen, ohne ihn weiter zu beeinflussen.

Deine Meditation

1. Wenn du die Möglichkeit hast, dann schließ für ein paar Minuten die Augen. Das hilft dir, den Fokus von außen nach innen zu richten.

2. Konzentriere dich zunächst auf dein Gesicht und all die kleinen Gesichtsmuskeln, die jetzt endlich ganz entspannen dürfen: die Muskulatur um deine Augen herum, die Stirnmuskeln, die Muskeln des Mundes, der Nase, der Wangen, des Kiefers und der Ohren.

3. Lass sich ein warmes Gefühl der Entspannung rund um deine Augen ausbreiten, die vielleicht von der Bildschirmarbeit gestresst sind. Deine Lider werden locker und auch die Muskeln rundherum dürfen sich wohltuend entspannen.

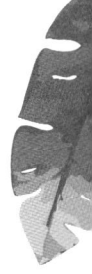

4. Von deinen Augen aus darf die Entspannung ihren Weg weiter in deine Stirn finden. Lass sie dort all die kleinen Stirnfalten glätten, die den Tag über ihre Spannung beibehalten. Vielleicht hilft dir die Vorstellung, wie angenehm warmes Wasser über deine Stirn fließt und die Anspannung wegspült.

5. Von deiner Stirn fließt die warme Entspannung über deine Nase hinunter bis in deinen Kiefer. Du kannst ihn ganz locker und entspannt hängen lassen, bis sich die Entspannung weiter ausbreitet in Richtung deines Nackens und schließlich in deinen Oberkörper.

6. Lass die warme Entspannung in deinen Oberkörper fließen. Dort lockert sie deinen Nacken und Hals und breitet sich dann langsam in deinen Schultern aus, bis deine Schulterblätter sich komplett entspannen.

7. Im letzten Schritt darf die Entspannung langsam deine Arme entlangfließen und sich bis in deine Fingerspitzen ausbreiten. Spüre nach, wie dein ganzer Körper von einem Gefühl wie von angenehm warmem Wasser durchströmt wird. Fühle, wie die Anspannung vom Scheitel bis zu den Zehenspitzen weggespült wird und gleichmäßige, wohlige Entspannung hinterlässt.

Zum Schluss

Genieße noch einen Moment lang das warme Gefühl der Entspannung, das wie warme Wellen deinen ganzen Körper einhüllt und alle Anspannung mit sich nimmt.

Dann wende dich wieder deinem Atem zu: Atme wie zu Anfang ein paar Mal tief durch die Nase ein und langsam und vollständig durch den Mund wieder aus.

Spüre die Unterlage, auf der du sitzt, wieder deutlicher und komm wieder an in dem Raum, in dem du bist.

Fang an, dich etwas zu bewegen, schüttle die letzten Reste der Anspannung ab, und wenn du so weit bist, dann öffne deine Augen.

Energie tanken bei Müdigkeit

Jeden von uns kann mal Müdigkeit überkommen, auch wenn wir vermeintlich genug geschlafen haben. Wenn die Müdigkeit dich nicht loslässt und dich davon abhält, klare Gedanken zu fassen und deinen Tag zu gestalten, dann habe ich hier eine passende Meditationsanleitung für dich.

So geht's los

Such dir für deine Meditation einen Ort, an dem du für die nächsten Minuten ungestört bist und an dem du dich wohlfühlst. Am besten setzt du dich aufrecht auf einen Stuhl, sodass beide Beine den Boden berühren.

Wenn du deinen Ort gefunden hast, richtest du deine Aufmerksamkeit liebevoll auf deinen Atem und legst deine ganze Konzentration hinein. Atme einige Male tief durch die Nase ein und durch den Mund wieder aus und lass deinen Atem dann ganz von allein fließen. Schließ jetzt deine Augen. Spüre, wie die Luft durch deine Nase einströmt und wie sich deine Bauchdecke bei jedem Atemzug

hebt und senkt. Beobachte deinen Atem für eine Weile, wie er ganz von allein fließt.

Deine Meditation

1. Richte deine Aufmerksamkeit auf deine Füße. Spüre, wo sie den Boden berühren, und nimm diesen Eindruck so intensiv wahr, wie es geht.

2. Stell dir vor, wie langsam kraftvolle Wurzeln aus deinen Füßen wachsen und sich in den Boden graben.

3. Deine Wurzeln wachsen immer tiefer in die Erde hinein. Mit jedem Zentimeter bekommst du mehr Halt und Stabilität. Spüre, wie tief verwurzelt du mit der Erde bist.

4. Deine Wurzeln wachsen weiter hinunter bis zum tiefroten Erdkern. Spüre die Energie in dem Kern und lass sie durch deine Wurzeln zu dir aufzusteigen. Tiefrot fließt die Energie der Erde durch die Wurzeln aufwärts in deine Füße, durch deine Beine und beginnt sich in deinem Körper zu verteilen. Die tiefrote Energie zirkuliert in deinem Körper und erreicht jeden noch so kleinen Bereich – von den Zehenspitzen zum Scheitel und bis in die Fingerspitzen.

5. Während die Energie in dir zirkuliert, bewege deinen Körper und spüre, wie du ganz und gar davon erfüllt wirst. Jede Zelle, jedes Molekül deines Körpers ist angefüllt mit neuer, frischer Energie.

6. Bleib solange du möchtest in diesem energetisch aufgeladenen Zustand. Genieße das Gefühl, dass du genug Energie hast – für das, was vor dir liegt, und für das, was du schaffen willst. Du trägst die Energie dafür in dir und kannst jederzeit darauf zugreifen.

Zum Schluss

Lass das wunderbare energetische Gefühl, das du bei der Meditation gespürt hast, noch ein wenig nachwirken. Mach dir bewusst, dass du diese Energie mit ins Hier und Jetzt nimmst und dass du sie jederzeit wieder abrufen kannst.

Richte deine Aufmerksamkeit wieder auf deinen Atem. Mit jedem Atemzug wird dein Geist klarer und wacher und kommt erfrischt im Hier und Jetzt an.

Beginne dich zu strecken, mach dich so groß du kannst und genieße deine neu gewonnene Energie.

Gehmeditation beim Spaziergang

Diese Meditation wird, wie der Name schon verrät, nicht im Sitzen oder Liegen durchgeführt, sondern im Gehen. Sie ist wunderbar für einen Spaziergang geeignet – ob auf dem Weg von der Bushaltestelle nach Hause oder auf einem ausgedehnten Waldspaziergang. Sie ist hervorragend geeignet, um dir ein paar Minuten Achtsamkeit zu schenken. Denn darum geht es in dieser Meditation: deinen Körper und deine Umgebung achtsam wahrzunehmen.

So geht's los

Such dir eine Umgebung aus, in der du dich wohlfühlst. Für den Anfang eignet sich am besten eine ruhigere Umgebung, zum Beispiel ein Waldweg oder eine verkehrsberuhigte Straße.

Bevor es buchstäblich losgeht, nimm dir einen Moment, um deine Füße auf der Erde zu spüren. Fühle die Schuhe, die du trägst, und spüre, wo sie den Boden berühren.

Fokussiere dich auf deine Atmung, um ganz präsent im Moment zu sein. Atme tief durch die Nase ein und durch den Mund wieder aus. So kannst du dich wunderbar auf deine Gehmeditation einstimmen.

Deine Meditation

1. Beginne mit dem bewussten Gehen, ganz langsam und achtsam. Beobachte das Heben und Senken deiner Füße bei jedem Schritt. Spüre genau, welcher Teil deines Fußes zuerst den Boden berührt und welcher als Letztes. Spüre auch, wo deine Fußsohlen in Kontakt mit dem Boden sind.

2. Fühle die Bewegung als Ganzes. Welche Teile deines Körpers sind an jedem Schritt beteiligt? Spüre deine Beine, deine Knie, deinen Po und die kleineren Gelenke an den Knöcheln und in den Zehen. Nimm ganz genau wahr, wie fein abgestimmt und wunderbar deine Körperteile zusammenarbeiten, um dich zu tragen.

3. Gehe ein paar Schritte ganz auf deine Füße fokussiert. Beobachte, wie sie dich nicht nur tragen, sondern auch von einem Ort zum anderen bringen. Betrachte den Boden unter dir, während du gehst. Fühle seine Beschaffenheit. Ist er hart oder weich? Glatt oder uneben? Nimm den Boden, auf dem du gehst, achtsam wahr.

4. Richte deine Aufmerksamkeit vom Boden auf deine direkte Umgebung. Dann hebe langsam deinen Blick. Was kannst du sehen? Versuche, alles so wahrzunehmen, als wäre es das erste Mal in deinem Leben. Den Weg, die Bäume, vielleicht die Häuser. Und schließlich auch den Himmel, das Wetter, die Sonne und den Wind. Nimm all diese Eindrücke in dir auf und genieße es, inmitten solcher Schönheit und Lebendigkeit zu gehen.

Zum Schluss

Kehre mit deiner Aufmerksamkeit wieder zum Gehen zurück und setze deinen Spaziergang langsam fort. Dabei kannst du deine Atemzüge noch für ein paar Momente aufmerksam verfolgen. Deine Füße werden ihr Werk wieder wie von selbst verrichten. Diese Achtsamkeitsmeditation kannst du einige Minuten lang machen oder während eines ganzen Spaziergangs. Du kannst die Gehmeditation auch beliebig oft während eines Spaziergangs wiederholen, etwa wenn du in einer besonders schönen Umgebung deinen Weg achtsam genießen möchtest.

Tipp

Wenn der Boden es zulässt, versuche es doch auch einmal barfuß. So kannst du die Natur und die Bodenbeschaffenheit noch intensiver wahrnehmen.

Badewannenmeditation

Es gibt viele Meditationen, die sich wunderbar dazu eignen, sie in den Alltag zu integrieren, zum Beispiel die Meditation in der Badewanne. Während des Badens kannst du dich entspannen und dabei voll und ganz in den Moment eintauchen, indem du eine Achtsamkeitsmeditation mit einbindest. Sie verstärkt die ohnehin schon entspannende Wirkung des Bades und lässt dich zur Ruhe kommen und dich regenerieren. Diese Meditation ist besonders am Abend wohltuend und sorgt für einen erholsamen Schlaf.

So geht's los

Mach es dir so richtig gemütlich in deinem Badezimmer. Du kannst das Licht dimmen oder Kerzen anzünden, entspannende Musik hören oder die Stille genießen, ganz wie du es magst. Richte es dir schön ein, damit du dich wohlfühlst und entspannen kannst. Vielleicht möchtest du dich auch mit besonderen Badezusätzen verwöhnen? Lavendel und Hopfen wirken zum Beispiel entspannend und harmonisierend.

Wenn du in dieser schönen Atmosphäre das Wasser einlässt, dann kann auch das schon meditativ sein. Das Rauschen des Wassers in der Wanne bei angenehmem Licht und schönen Düften bringt dich wie von allein in die richtige Stimmung zum Meditieren.

Prüfe achtsam die Wassertemperatur, und wenn sie genau richtig ist, dann lehne dich in der Wanne zurück. Ah, tut das gut!

Vielleicht magst du dir ein gerolltes Handtuch in den Nacken legen, damit du dich noch tiefer entspannst, während der Rest deines Körpers von warmem Wasser umhüllt wird.

Deine Meditation

1. Wende dich anfangs wieder deinem Atem zu. Atme tief ein und aus und visualisiere, wie du Ruhe und Gelassenheit einatmest. Stell dir bei jedem Ausatmen vor, wie Anspannung und Stress deinen Körper mit der Atemluft verlassen. Lass Ruhe in dich einkehren. Die wohlige Wärme des Wassers und die stimmungsvolle Atmosphäre unterstützen dich dabei. Spüre, wie du fast schwerelos im Wasser liegst. Das wunderbar warme Wasser trägt dich und du berührst kaum den Grund der Wanne.

2. Du genießt die Eindrücke dieses Moments – das Licht und die Düfte, die dich umgeben. Die Musik oder die erholsame Stille. Die Temperatur des Wassers und wie es sich auf deiner Haut anfühlt. Erlebe dein Bad mit all deinen Sinnen.

3. Bewege leicht deine Hände und Füße. Sie erzeugen kleine, fast nicht zu spürende Wellen. Beobachte diese Wellen achtsam und nimm sie aufmerksam wahr.

4. Spüre, wie deine Hände und Füße von Zeit zu Zeit aus dem Wasser ragen. Gibt es dort Schaum? Wie fühlt sich der Übergang von Wasser zu Schaum an? Gibt es einen Temperaturunterschied? Wie fühlt es sich an, mit den Fingern und Zehen durch den Schaum zu gleiten und zu spüren, wie sich der Schaum auf dem Wasser wiegt und auf deiner Haut knisternd verschwindet? Beobachte den Tanz des Schaums auf dem Wasser.

5. Wenn es für dich entspannend ist, dann stell dir vor, dass du in einem wohlig warmen Ozean schwimmst, der nur für dich existiert und in dem dir nichts geschehen kann. Das endlose Wasser und seine wiegenden Wellen spenden dir immer mehr Entspannung und Gelassenheit.

6. Genieße diesen wundervollen Moment voller Leichtigkeit, den du dir selbst erschaffen hast. Werde dir darüber bewusst, dass du dir wieder solche Momente schaffen kannst, wann immer du es wünschst.

Zum Schluss

Richte deine Aufmerksamkeit wieder liebevoll auf deinen Atem. Atme tief durch die Nase ein und durch den Mund wieder aus. Lass auch das letzte bisschen Anspannung aus deinem Körper gehen.

Spüre die Oberfläche der Badewanne, auf der du liegst, und nimm ihre Begrenzung wahr. Nimm auch dich selbst in deinem Badezimmer wahr und erfreue dich noch für einen Moment an der schönen Atmosphäre. Nimm alles gleichermaßen wahr – die Geräusche, den Duft, das Licht und das Wasser – und lass dich von all diesen Eindrücken noch einmal erfüllen.

Dann schenk dir selbst ein Lächeln, mit dem Wissen, dass du bald wieder in diese Atmosphäre eintauchen kannst.

Bewusst den Tag abschließen

Nach einem ereignisreichen Tag kann es dir hin und wieder schwerfallen, zur Ruhe zu kommen. Um abends mit dem vergangenen Tag abschließen zu können, hilft es, das Geschehene ziehen zu lassen. Diese Meditation hilft dir, dich von den Geschehnissen des Tages zu lösen, um dich auf einen entspannenden Abend einzustimmen.

So geht's los

Um deinen Abend bewusst zu beginnen, schaffst du dir eine schöne Atmosphäre mit gedämpftem Licht und vielleicht auch entspannender Musik. Vielleicht magst du dir auch eine Tasse Tee zubereiten? Spür tief in dich hinein, was dir guttun würde.

Diese Meditation kannst du gemütlich auf deiner Couch oder deinem Bett machen. Wenn du dabei noch nicht einschlafen möchtest, würde ich dir empfehlen, die Meditation im Sitzen zu machen, gerade nach einem anstrengenden Tag.

Entspanne deinen Körper und konzentriere dich auf deine Atmung. Nimm wahr, wie der Atem in deinen Körper einströmt und ihn wieder verlässt, und erlaube dir, ganz im Moment anzukommen. Ich würde dir empfehlen, für diese Visualisierung deine Augen zu schließen.

Deine Meditation

1. Beginne damit, den Tag vor deinem geistigen Auge noch einmal ablaufen zu lassen – vom Augenblick des Aufwachens am Morgen, den gesamten Tagesablauf bis hin zu diesem Augenblick. Was hast du heute erlebt?

2. Nimm wahr, wie du dich heute gefühlt hast. War es ein guter Tag? Möchtest du morgen etwas besser oder einfach nur anders machen als heute? Ganz egal, wie der Tag war – er darf nun zu Ende gehen.

3. Um den heutigen Tag zu akzeptieren und abzuschließen, spürst du in dich hinein, wofür du heute dankbar sein darfst. Gab es eine schöne Begegnung oder ein gutes Gespräch? Hast du jemandem oder hat jemand dir ein Lächeln auf das Gesicht gezaubert? Such dir einen besonderen Moment dieses Tages aus und sei dankbar dafür.

4. Dann beginnst du damit, die einzelnen Ereignisse des Tages gedanklich abzulegen. Stell dir vor, wie du sie zum Beispiel in einem Kästchen verstaust oder sie in einem mentalen Tagebuch notierst. Du brauchst sie nicht mehr, denn morgen ist ein neuer Tag. Er muss nicht an den zurückliegenden Tag anknüpfen oder irgendetwas mit ihm zu tun haben.

5. Stell dir vor, wie du das Kästchen oder das Tagebuch verschließt. Du darfst dankbar sein für alle Erfahrungen und Gedanken, die du darin verwahrt hast, aber sie sind vergangen und dürfen Platz machen für Neues.

6. Verstaue diesen Gedankenschatz an einem schönen Ort in deinen Gedanken. Das kann so etwas wie eine Galerie der Erinnerungen sein.

7. Sobald alles verstaut ist, kannst du dir ein neues Buch oder Kästchen nehmen, das noch leer ist, und dich darauf freuen, es morgen mit frischen Erinnerungen, Erfahrungen und Gefühlen zu füllen.

Zum Schluss

Werde dir wieder des Raums, in dem du gerade bist, bewusst und nimm dich selbst wahr.

Mit dem guten Gefühl, das morgen ein ganz neuer Tag auf dich wartet, den du ganz nach deinen Vorstellungen gestalten darfst, kannst du die Meditation langsam beenden.

Atme noch ein paar Mal tief ein und aus. Wenn es noch etwas gibt, das du vom allmählich vergehenden Tag loslassen möchtest, dann lass es jetzt mit deinem Atem aus dir entweichen. Spüre, wie der Luftstrom sanft aus deiner Nase strömt und den letzten Ballast mit sich nimmt.

Bewege deinen Körper sanft, öffne deine Augen und gehe über in eine entspannte Abendgestaltung.

Gute-Nacht-Meditation

Meditation kann dich in vielen Bereichen deines Lebens unterstützen. Besonders positiv ist, wie entspannend sie wirkt. Vielleicht ist dir auch schon mal passiert, dass du beim Meditieren eingenickt bist. Das kann durchaus vorkommen, besonders wenn du schon etwas müde oder schläfrig bist und im Liegen meditierst. Genau das werden wir uns zunutze machen, denn diese Meditation ist eine wunderbare Einschlafhilfe.

So geht's los

Nimm dir vor dem Schlafengehen etwa 20 Minuten Zeit, um langsam zur Ruhe zu kommen. Vielleicht möchtest du einen kuscheligen Pyjama anziehen, dein Handy und deinen Laptop beiseitelegen, einen Tee trinken oder noch ein paar Seiten lesen.

Die Einschlafmeditation machst du direkt im Liegen im Bett. Such dir dafür deine liebste Einschlafposition aus und richte dir alles so ein, wie du dich am wohlsten fühlst und damit es so richtig gemütlich ist.

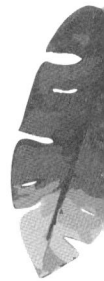

Deine Meditation

1. Du kannst deine Augen nun schließen, um deinem Körper zu signalisieren, dass jetzt deine Zeit der Ruhe und Erholung beginnt. Spüre deine Decke, wie sie dich sanft umhüllt, und wie du wunderbar weich gebettet auf deiner Matratze liegst.

2. Wende dich deinem Atem zu. Atme tief ein und langsam und vollständig wieder aus. Spüre, wo dein Atem in den Körper ein- und ausströmt. Achte darauf, dass deine Atemzüge gleichmäßig sind und dass du vor deinem nächsten Atemzug vollständig ausatmest.

3. Nun zählst du deine Atemzüge. Denk dabei jeweils beim Einatmen eine Zahl und beim Ausatmen das Wort »Ruhe«: Einatmen: 1 – ausatmen: Ruhe. Einatmen: 2 – ausatmen: Ruhe. Einatmen: 3 – ausatmen: Ruhe. Mach auf diese Weise weiter bis 10.

4. Zähl immer nur bis 10 und beginne dann von vorn. Zum einen muss sich dein Gehirn so weniger anstrengen, zum anderen setzt du dich weniger unter Druck, bei einer bestimmten Zahl einzuschlafen. Immer wenn du bei 10 angekommen bist, entspanne dich und genieße einfach nur die weiche Behaglichkeit deines Bettes.

5. Wenn dir doch noch ablenkende Gedanken kommen sollten, dann kann dir die Vorstellung helfen, sie behutsam in kleine, leichte Wolken einzuhüllen und sanft von dir wegzupusten. Schau ihnen nach, wie sie immer kleiner werden und schließlich verschwinden. Du kannst dich ihnen morgen wieder widmen.

6. Wende dich dann wieder dem Zählen zu. Fang wieder bei 1 an zu zählen und mach dir keine Sorgen, wenn du einmal aus dem Konzept kommen solltest. Es ist okay – fang einfach wieder von vorn an: Einatmen: 1 – ausatmen: Ruhe. Einatmen: 2 – ausatmen: Ruhe. Einatmen: 3 – ausatmen: Ruhe.

Zum Schluss

Zähl so lange weiter, bis sich Entspannung in dir ausbreitet und du hinübergleitest ins Land der Träume. Gute Nacht!

Tipp

Statt »Ruhe« kannst du auch andere Wörter verwenden. Probier es doch mal mit »Schlaf« oder mit »Entspannen«. Wichtig ist nur, dass du dieses Mantra ganz ruhig und liebevoll in deinem Kopf wiederholst.

Feel-good-Meditationen

Zufriedenheit empfinden

Bist du dir der positiven und schönen Dinge in deinem Leben bewusst? Viel zu oft liegt unser Fokus darauf, was uns nicht gefällt, uns vermeintlich noch fehlt oder misslungen ist. Und natürlich führt das zu Unzufriedenheit. Diese Meditation lädt dich dazu ein, zufriedener zu sein mit dir und deinem Leben.

So geht's los

Erlaube dir selbst, zur Ruhe zu kommen und für die nächsten Minuten nur bei dir zu sein. Am besten gelingt dir das, wenn du während der Meditation deine Augen schließt.

Nimm ein paar tiefe Atemzüge. Atme tief und gleichmäßig ein und aus. Das hilft dir, dich zu entspannen und voll und ganz im Moment anzukommen.

Lass deinen Atem von allein fließen und nimm wahr, wo im Körper du ihn spüren kannst. Das kann an deinen Nasenlöchern sein oder in der Hebung und Senkung deiner Bauchdecke. Beobachte deinen Atem ganz fokussiert. Spüre in deinen Körper hinein und entspanne mit jedem Atemzug mehr.

Deine Meditation

1. Erinnere dich daran, welche schönen Momente du in der vergangenen Woche erlebt hast. Ein Spaziergang in der Sonne, ein Gespräch mit einem geliebten Menschen? Schau, was dir einfällt. Richte deinen Fokus auf die positiven Erfahrungen, die du gesammelt hast!

2. Mit jeder positiven Erfahrung, an die du dich erinnerst, spürst du die Zufriedenheit in dir wachsen. Visualisiere ein persönliches Bild dafür: Das kann zum Beispiel ein zartes grünes Pflänzchen sein, das zu einem mächtigen Baum heranwächst – deinem Baum der Zufriedenheit.

3. Denk an deine persönlichen Highlights des letzten Jahres. Was hast du Schönes erlebt? Was hat dein Leben bereichert? Das können Begegnungen, Erfahrungen oder Events sein. Was ist dir aus dem vergangenen Jahr besonders in Erinnerung geblieben? Deine Zufriedenheit wächst und mit ihr dein inneres Bild. Sieh deinen Baum und seine prächtige Krone, die in Minutenschnelle wächst.

4. Überlege, welche großen und kleinen Erfolge du gefeiert hast. Was ist dir gut gelungen? Das kann etwas Berufliches sein, aber auch in deiner persönlichen Entwicklung. Lass deinen Baum noch kraftvoller werden und seine Baumkrone wunderschön erblühen. Das ist der prächtige Baum deines Lebens.

5. Werde dir bewusst, wie viel Gutes dein Leben für dich bereithält und was du in der letzten Zeit alles erreicht hast. Lass dafür ein Gefühl von Zufriedenheit und Dankbarkeit in dir aufsteigen. Genieße diese Gefühle für einen Moment, während du weiter deinen wunderschönen Baum visualisierst. Es darf sich gut anfühlen!

6. Was sorgt in deinem Leben für Zufriedenheit? Schau, was du in der Zukunft (mehr) in dein Leben integrieren möchtest, um glücklicher und zufriedener zu sein.

Tipp

Überlege dir, was du noch heute für deine Zufriedenheit tun kannst, am besten direkt nach deiner Meditation. Vielleicht möchtest du auch Verabredungen und Ausflüge organisieren oder sogar die Reise buchen, von der du schon so lange träumst?

Zum Schluss

Spüre in dich hinein, wie es dir geht und was sich in dir verändert hat. Wie hat sich deine neue Sicht auf die positiven Dinge in deinem Leben auf dein Befinden ausgewirkt?

Bereite dich mit ein paar tiefen, bewussten Atemzügen darauf vor, deine Meditation zu beenden. Atme bewusst durch die Nase ein und langsam durch den Mund aus.

Nimm dir einen Moment, um wieder in deiner Umgebung anzukommen. Bewege dich sanft, schenk dir ein Lächeln und öffne deine Augen.

Mehr Gelassenheit im Alltag

Wer möchte nicht in einer herausfordernden Situation gelassen bleiben? Dies ist nicht nur gut für deine innere Welt – Gelassenheit überträgt sich auch auf deine Mitmenschen. So kommt es weniger oft zu Situationen, in denen deine Gelassenheit auf die Probe gestellt wird. Um deine innere Ruhe und Gelassenheit zu trainieren, machen wir in dieser Meditation eine Reise in die Berge und werden selbst zum Fels. Die Visualisierung in dieser Meditation wird dir dabei helfen, noch mehr innere Ruhe und Gelassenheit zu entwickeln.

So geht's los

Ich empfehle dir für diese Meditation eine aufrechte Sitzhaltung. Gut geeignet sind Schneider- oder Fersensitz, du kannst aber auch auf einem Stuhl Platz nehmen. Achte darauf, dass dein Rücken gerade ist und du aufrecht sitzt.

Schließ deine Augen. In dieser Meditation werden wir mit inneren Bildern arbeiten. Die Visualisierung gelingt dir am besten mit geschlossenen Augen.

Richte deine Aufmerksamkeit auf deinen Atem. Verfolge genau, wie dein Atem deinen Körper betritt, wie er ihn durchquert und wie er wieder austritt. Auf diese Weise kommst du ganz im Moment und in deiner Meditation an.

Deine Meditation

1. Lass vor deinem inneren Auge das Bild eines massiven, prachtvollen Berges entstehen. Vielleicht hast du so einen Berg schon einmal mit eigenen Augen gesehen. Wenn nicht, erinnere dich an einen Berg von einem Foto oder lass ihn ganz aus deiner Fantasie heraus entstehen.

2. Sieh den mächtigen Berg vor dir, wie er majestätisch aufragt. Er ruht auf seiner breiten Basis und steht massiv und stabil auf der Erde.

3. Stell dir vor, wie du selbst zu diesem Berg wirst. Dein Unterkörper wird zur soliden Basis, die standhaft und unerschütterlich fest mit der Erde verbunden ist. Dein Oberkörper bildet die Wände und Flanken des Berges. Spüre, wie du als Berg emporstrebst und deine Wirbelsäule dabei noch etwas gerader wird. Über allem thront dein Kopf als Berggipfel, der alles überragt und sich dem Himmel entgegenstreckt.

4. Erlebe in Gedanken einen Tag als Berg. Du siehst den Sonnenaufgang und Menschen, die auf dir wandern oder arbeiten. Manche sind zufrieden mit dir, andere sind es weniger und wieder andere wünschen sich vielleicht einen ganz anderen Berg. Doch du als Berg beobachtest das alles nur gelassen und voll innerer Stärke. Tag für Tag.

5. Als Berg erlebst du jedes Wetter und Unwetter und jeden Sturm menschlicher Emotionen, jedoch kann dir das alles nichts anhaben. Stark und unerschütterlich ruhst du in dir. Als mächtiger Berg siehst du alldem gelassen entgegen, denn du weißt, dass du es überstehen wirst.

6. Nimm ein paar tiefe Atemzüge als großer, atmender Berg und lass die Eigenschaften des Berges mehr und mehr zu deinen eigenen werden. Nichts wirft dich aus der Bahn. Du bleibst innerlich gelassen und ruhig. Du bist der Berg.

Zum Schluss

Verweile noch für ein paar Atemzüge bei dir als Berg. Als großer, majestätischer Berg atmest du ein und aus. Atme so lange fokussiert weiter, bis du das Gefühl hast, dass du dir genug Ruhe und Gelassenheit aus dem Berg gezogen hast.

Spüre die Unterlage, auf der du sitzt, und komm wieder im Hier und Jetzt an. Bewege erst ganz leicht deine Hände und Füße, dann etwas stärker, und strecke dich ein wenig.

Schenk dir ein Lächeln und bedanke dich bei dir selbst für die Zeit. Und wenn du so weit bist, öffnest du die Augen.

Tipp

Diese Bergmeditation kannst du auch immer dann anwenden, wenn im Alltag deine Gelassenheit auf die Probe gestellt wird. Schließe für einen Moment die Augen, nimm ein paar tiefe Atemzüge als Berg und spüre, wie du dabei zur Ruhe kommst.

Gute-Laune-Meditation

Mit dieser Meditation kannst du dir im wahrsten Sinne des Wortes den Tag versüßen. Mit guter Laune durch den Tag zu gehen ist so viel schöner als mit Regenwolken im Gemüt. Die Menschen um dich herum werden von deiner positiven Stimmung angesteckt und deine Welt wird zu einem schöneren, sonnigeren Ort.

Wir wenden uns in der Meditation mit fokussierter Achtsamkeit einer Orange zu. Der Fokus auf die Orange vertreibt negative Gedanken, was durch den Duft der ätherischen Öle der Orangenschale noch verstärkt wird. Du gewinnst durch diese Beobachtung Abstand zu deinen Gedanken und kannst deine Stimmung effektiv beeinflussen – fast wie ein Reset.

So geht's los

Die Meditation ist perfekt geeignet für den Morgen, um gut gelaunt in den Tag zu starten. Es ist also eine tolle Frühstücksmeditation! Du kannst sie aber auch tagsüber machen, wenn du zwischendurch etwas Stimmungsaufhellung brauchst.

Du benötigst eine möglichst reife, aromatische Orange, am besten in Bioqualität, denn die Schale ist sehr wichtig. Sie sollte naturbelassen sein und aromatisch duften. Leg dir außerdem ein kleines Messer bereit.

Mach es dir auf einem Stuhl bequem, aufrecht und entspannt. Am besten sitzt du am Küchen- oder Esstisch.

Deine Meditation

1. Entscheide dich bewusst dafür, deinen Fokus ganz auf die Frucht vor dir zu richten. Nimm die Orange in beide Hände. Streiche sanft mit den Fingern über die Schale und nimm den Duft wahr, den sie verströmt.

2. Schneide die Frucht auf und betrachte genau, wie der Saft heraustritt und der Duft sich dabei noch verstärkt als duftende Ankündigung des herrlich frischen Fruchtgeschmacks.

3. Schneide ein Stück der Orange heraus und beiß hinein. Richte deinen Fokus ganz auf den süßsauren Geschmack auf deiner Zunge.

4. Lass mit dem Saft ein Gefühl von Heiterkeit und guter Laune sich von deinem Mund aus ausbreiten. Deine Mundwinkel wandern nach oben und auf deinem Gesicht erscheint ein breites Lächeln voller Lebensfreude.

5. Schlucke den Saft und mit ihm auch die gute Laune. Spüre, wie sie deinen Hals hinuntergleitet und sich in deinem Bauch ausbreitet.

6. Nimm dir so viel von der Orange, wie du möchtest. Rieche sie, schmecke sie und lass beim Genuss ein Lächeln entstehen. Iss so viel von der Orange, bis du das Gefühl hast, dass dein ganzer Körper von guter Laune und Heiterkeit erfüllt ist und dir heute nichts mehr in die Quere kommen kann.

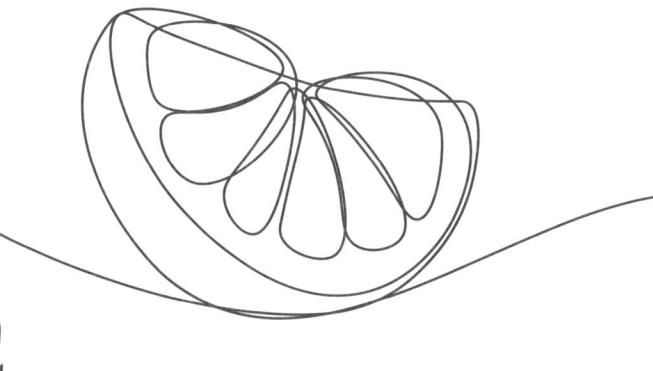

Zum Schluss

Schließ die Augen und spüre tief in das Gefühl hinein, während du den Duft der Orange einatmest. Bewahre dir dieses erhebende Gefühl und starte beschwingt in deinen Tag. Sollten im Laufe des Tages Herausforderungen auf dich zukommen, so erinnere dich einfach an den Duft der Orange.

Tipp

Versuch es doch auch mal mit einer duftenden reifen Zitrone oder einer anderen Lieblingsfrucht. Welche Empfindungen lösen die verschiedenen Früchte in dir aus? Wenn du keine Frucht zur Hand hast, kannst du sie auch visualisieren. Stell dir vor, wie sie vor dir liegt, und führe in Gedanken alle Schritte aus mitsamt den davon begleiteten Gefühlen.

Deine Selbstliebe stärken

Fast jeder Mensch kämpft von Zeit zu Zeit mit dem Thema Selbstliebe, der eine mehr, der andere weniger. Mach dir keine Sorgen, wenn es dir nicht immer gelingt, dich selbst bedingungslos und uneingeschränkt zu lieben. Wenn du wieder einmal mit dir haderst, soll dir diese Meditation helfen, einen liebevollen und positiven Blick auf dein Selbst zu werfen, um dich so anzunehmen, wie du bist.

So geht's los

Such dir für deine Meditation einen Ort, an dem du für die nächsten Minuten ungestört bist und wo du dich sicher und geborgen fühlst.

Für diese Meditation brauchst du einen Spiegel. Leg einen kleinen Handspiegel bereit oder setz dich vor einen Spiegel.

Erlaube dir, ganz bei dir anzukommen, und entscheide dich bewusst für die nächsten Minuten, in denen du dir wieder etwas näherkommen möchtest.

Beginne damit, bewusst zu atmen. Stell dir bei jedem Atemzug vor, wie du Entspannung und Gelassenheit einatmest und bei jedem Ausatmen Anspannung und Stress loslässt.

Deine Meditation

1. Lass für diese Meditation deine Augen offen und wende dich jetzt deinem Spiegelbild zu. Sieh dir selbst in die Augen und betrachte dich.

2. Sieh dich an wie ein neutraler Beobachter. Stell dir vor, du würdest dich zum allerersten Mal sehen. Wie sieht dieser Mensch aus, der dort vor dir sitzt? Nimm einfach nur wahr, was du beobachtest, ganz ohne Bewertungen.

3. Erweitere das Bild um all die Talente und Erfahrungen, die du hast. Du kannst auch alles, was du vielleicht nicht so sehr magst, mit einfließen lassen, ohne zu werten. Lass das Bild sich Schritt für Schritt erweitern und vervollständigen und sieh dich, wie du bist.

4. Betrachte dich und all deine Eigenschaften mit wohlwollendem, warmem und liebevollem Blick. Du bist, wie du bist, und alles, was du bist und was dich ausmacht, ist gut so, wie es ist. Du bist gut und genug, so wie du bist.

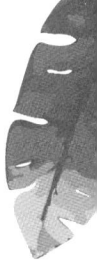

5. Sag deinem Spiegelbild, was du an dir selbst schätzt. Vielleicht, dass du dir jetzt in diesem Moment Zeit für dich nimmst? Deine aufmerksame Art zuzuhören, wenn eine Freundin dir ihr Herz ausschüttet? Oder magst du etwas an deinem Aussehen besonders gern, wie deine Augen oder dein Lächeln?

6. Beginne deine Sätze mit »Ich mag dich, weil ...« oder »Ich finde an dir toll, dass ...«. Nimm dir Zeit und teile dir selbst alles mit, was du an dir wertschätzt.

Zum Schluss

Schließ zum Abschied der Meditation deine Augen und lass ein Lächeln sich auf deinem Gesicht ausbreiten.

Spüre die Dankbarkeit dafür, dass du DU bist. Du bist nicht perfekt und das musst du auch nicht sein. Doch du hast wunderbare und liebenswerte Eigenschaften und hast es verdient, dir selbst Wertschätzung und Liebe entgegenzubringen.

Richte deinen Fokus noch ein paar Momente auf deinen Atem. Lass ihn in dich hinein- und aus dir herausfließen und bereite dich langsam darauf vor, deine Meditation zu beenden.

Mach dich so groß du kannst, strecke dich ausgiebig, und wenn du so weit bist, dann öffne deine Augen.

Tipp

Wenn du nicht mit einem Spiegel meditieren möchtest oder einfach keinen zur Hand hast, dann kannst du die Meditation auch machen, indem du dir vorstellst, wie du dich selbst ansiehst und alle Schritte mithilfe dieser Visualisierung durchführst.

Meditationen bei persönlichen Herausforderungen

Bei Sorgen und Grübeleien

Nicht immer läuft im Leben alles so, wie wir es uns wünschen, und wir stehen vor kleinen und großen Herausforderungen. Es ist wichtig, sich dafür Strategien und Lösungen zu überlegen. Wenn es in deinem Leben Sorgen gibt, die dich regelrecht verfolgen und dir keine Ruhe mehr lassen, dann kann das sehr belastend sein. Vielleicht versinkst du in quälenden Grübeleien, doch eine pessimistische Haltung bringt dich nicht weiter. Mit dieser Meditation möchte ich dir helfen, das Grübeln zu durchbrechen, um wieder befreiter in die Zukunft zu blicken.

So geht's los

Begib dich an deinen Meditationsort. Das sollte ein Ort sein, an dem du dich wohl und geborgen fühlst und an dem du die nächsten Minuten möglichst ungestört sein kannst. Diese Meditation kannst du im Liegen oder im Sitzen durchführen – die Hauptsache ist, dass du dich wohlfühlst.

Schließ für diese Meditation die Augen. So kannst du besser zur Ruhe kommen und dir die hilfreiche Visualisierung zum Loslassen der Sorge besser vorstellen.

Richte deinen Fokus liebevoll auf deinen Atem. Spüre, wie dein Atem in deinen Körper strömt und ihn wieder verlässt. Durch das Spüren und Beobachten deines Atems kommst du im Moment an und stimmst dich auf deine Meditation ein.

Deine Meditation

1. Wende dich bewusst deiner Sorge zu. Alle Gedanken und Gefühle, die damit einhergehen, sind okay. Vielleicht kommen Bilder von Situationen und Menschen hinzu, um die sich diese Sorge dreht. Erlaube der Sorge, in diesem Moment präsent zu sein. Nimm wahr, was sie in dir auslöst und welche Gefühle auftauchen. Gibt es Ängste oder Ärger?

2. Vielleicht sorgst du dich wegen etwas, das irgendwann mal eintreffen könnte. Und selbst wenn das so wäre, dann sind die Folgen meist weniger schlimm, als wir es uns ausmalen. Das heißt nicht, deine Sorgen nicht ernst zu nehmen, sondern einen Moment lang zu hinterfragen, was es dir bringt, dir den Kopf über diese Angelegenheit in der Zukunft zu zerbrechen. Möglicherweise wird es so sein, vielleicht aber auch nicht.

3. Frag dich, was es dir bringt, an dieser Sorge festzuhalten. Gibt es einen plausiblen Grund, weiter darüber zu grübeln? Lass diese Frage einen Moment auf dich wirken. Wenn du spürst, dass dir das Grübeln nur Kummer bereitet, statt dich weiterzubringen, dann entscheide, es zu beenden. Sag dir, dass es okay war, dass die Sorge vorhanden war, aber jetzt ist es Zeit, sie loszulassen. Du hast dir lang genug den Kopf darüber zerbrochen.

4. Zum Loslassen kannst du diese Visualisierung nutzen: Stell dir ein ruhiges Gewässer vor, an dessen Ufer ein kleines Boot treibt. Dieses Boot hat Platz für deine Sorge, und wenn du so weit bist, dann wird sie dort einsteigen. Jetzt kannst du dich von ihr verabschieden. Gib dem Boot einen kleinen Stoß, damit es sich in Bewegung setzt. Schau, wie deine Sorge langsam vom Ufer wegtreibt und immer kleiner wird.

5. Spüre die Erleichterung in dir. Je weiter sich das Boot mit deiner Sorge entfernt, desto kleiner wird sie, bis sie ganz verschwindet.

Zum Schluss

Ersetze die Sorge durch etwas Angenehmes, vielleicht durch Hoffnung, Liebe oder Dankbarkeit. Schenk dir selbst ein Lächeln und bedanke dich bei dir selbst, dass du dir etwas Gutes getan hast.

Nimm noch ein paar tiefe bewusste Atemzüge und bereite dich darauf vor, deine Meditation gleich zu beenden.

Spüre die Unterlage, auf der du ruhst, und nimm dich selbst wahr in dem Raum, in dem du dich aufhältst. Bewege deine Zehen und Finger leicht und strecke dich schließlich. Wann immer du so weit bist, öffnest du deine Augen.

Umgang mit Stress

In unserer heutigen Gesellschaft kommt es immer wieder vor, dass wir uns in akuten Stresssituationen wiederfinden. Die Gründe sind vielfältig: Termindruck, Beziehungsprobleme, Missgeschicke, Krankheit oder Streit sind hervorragend dazu geeignet, um uns in Bedrängnis zu bringen und uns emotional aufzuwühlen. Die folgende Meditation ist sehr einprägsam, sodass du sie in vielen Situationen bereithast. Du kannst sie als »SOS-Meditation« für nur eine Minute ausführen oder so lange, bis du dich entspannst.

So geht's los

Such dir für deine Meditation einen Ort, an dem du in den nächsten Minuten nicht durch äußere Einflüsse gestört wirst.

Komm in deiner Meditationsposition an und schließ deine Augen. Es ist egal, ob du liegen oder sitzen möchtest, beides ist okay. Wichtig ist nur, dass du diese Position bequem beibehalten kannst.

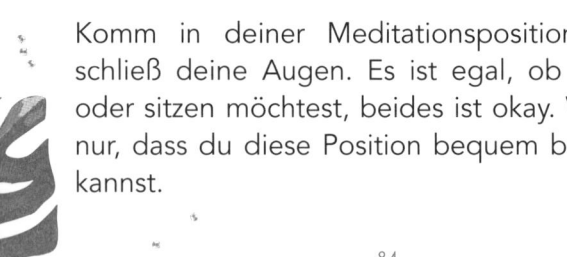

Beginne damit, dass du dich auf deinen Atem konzentrierst. Atme tief durch die Nase ein und durch den Mund wieder aus. Durch die Konzentration auf deine Atmung wirst du schnell ruhiger und kannst dich auf die Meditation einstimmen. Wenn du so weit bist, dann lass deinen Atem von allein fließen und beobachte, wie er kommt und geht.

Deine Meditation

1. Spüre, wie sich dein Körper beim Atmen sanft bewegt, wie sich deine Bauchdecke und Brustkorb beim Einatmen heben und beim Ausatmen wieder senken. Spüre intensiv in diese Bewegung hinein, während du deinen Atem beobachtest.

2. Such dir ein entspannendes Mantra gegen deinen Stress. »Alles ist okay«, »alles ist gut«, »ich darf loslassen« und »ich schaffe das« sind gute Beispiele. Du kannst auch ein eigenes Mantra auswählen, wichtig ist, dass es sich für dich richtig anfühlt und dir ein gutes Gefühl bereitet.

3. Wiederhole innerlich dein Mantra. Atme tief und bewusst ein und denke beim Ausatmen »Alles ist gut«. Lass mit deiner Atemluft den Stress und die Anspannung aus dir entweichen.

4. Atme auf diese Weise weiter tief und gleichmäßig ein und aus. Falls du während der Meditation ein anderes Mantra ausprobieren möchtest, dann mach das gern.

5. Um dich noch mehr auf dein Mantra gegen Stress zu fokussieren, kannst du die Worte in großen Buchstaben vor dir visualisieren. Im Zusammenspiel mit dem Atmen und Denken an dein Mantra hilft dir das, nicht wieder zu deinen stressigen Gedanken abzuschweifen. Das entspannt deinen Geist und du bleibst ganz bei deiner Meditation.

Zum Schluss

Lass deinen Atem seinen natürlichen Fluss wiederfinden. Du wirst merken, dass du auch ohne dein Mantra mit jedem Atemzug entspannter und ruhiger wirst.

Nach einigen Atemzügen widmest du dich wieder deinem Körper. Spüre, wie er auf der Unterlage ruht, auf der du sitzt oder liegst. Spüre jeden Berührungspunkt und bereite dich darauf vor, deine Meditation gleich zu beenden.

Dazu kannst du nun etwas Bewegung in deinen Körper bringen. Bewege sanft deine Hände und

Füße. Spüre jeden Finger und Zeh und komm wieder ganz im Hier und Jetzt an.

Wenn du magst, dann strecke dich und schenk dir ein Lächeln. Und wenn du so weit bist, öffnest du deine Augen.

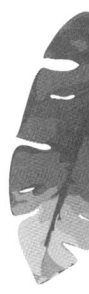

Selbstzweifel loslassen

Bin ich gut so, wie ich bin? Diese Frage stellt sich wohl jeder Mensch hin und wieder. An herausfordernden Tagen, in schwierigen Situationen und nach Niederlagen oder Rückschlägen können Selbstzweifel aufkommen. Die gute Nachricht ist, dass Meditation ein kraftvolles Hilfsmittel für dich sein kann, um besser damit umzugehen.

So geht's los

Such dir einen Ort, an dem du für die Dauer deiner Meditation ungestört bist und wo du dich wohl und geborgen fühlst. Bei dieser Meditation ist es dir überlassen, ob du sie im Liegen oder im Sitzen machen möchtest. Wähle einfach eine Position für dich aus, in der du dich wohl fühlst.

Schließ deine Augen und richte deinen Fokus auf deinen Atem, um dich auf deine Meditation einzustimmen und im Moment anzukommen. Fühle in dich hinein, wo du deinen Atem spüren kannst. Spüre, wo er in deinen Körper strömt und wo er ihn wieder verlässt.

Deine Meditation

1. Lenke deine Aufmerksamkeit auf deine Gedanken und Gefühle. Beobachte ganz genau deine Selbstzweifel. Bleib möglichst neutral und bewerte nichts von dem, was du siehst.

2. Lass zu, dass sich deine Selbstzweifel zeigen, und formuliere deine Befürchtungen in ganzen Sätzen. Das könnte zum Beispiel der folgende Satz sein: »Mir gelingt einfach nie etwas.«

3. Als neutraler Beobachter überprüfst du diese Befürchtung aufs Genaueste. Gelingt dir wirklich NIE etwas? Ist das absolut sicher? Du wirst feststellen, dass gar nicht so viel für deine Befürchtung spricht, wie du dachtest.

4. Nun denke an Dinge, die dir besonders gut gelungen sind und die dir regelmäßig gut gelingen – in den letzten Tagen, in den letzten Wochen, in diesem Jahr –, und du wirst erkennen, dass deine Selbstzweifel dem nicht standhalten können.

5. Betrachte dich nun selbst mit einem liebevollen Blick. Was magst du an dir? Welche Eigenschaften schätzt du an dir selbst? Finde drei Gründe, warum du wertvoll bist, und drei positive Dinge, die du in die Welt bringst.

6. Schenk dir selbst ein Lächeln und bekräftige deine Selbstwertschätzung mit ein paar liebevollen Worten. »Ich bin gut so, wie ich bin«, »ich bin wertvoll« und »ich habe der Welt viel zu geben« sind ein paar Beispiele. Schau, was zu dir passt, und wiederhole die Sätze, sooft du möchtest. Lass die Freude und das Glück, die damit einhergehen, in dir immer größer werden und dich ganz ausfüllen.

Zum Schluss

Genieße noch einen Moment lang das Gefühl und das Wissen, dass du selbst etwas tun kannst, wenn dich wieder Selbstzweifel überkommen sollten.

Bereite dich dann langsam darauf vor, deine Meditation zu beenden. Spüre die Unterlage, auf der du sitzt oder liegst. Fühle die Berührungspunkte und wie du getragen wirst.

Nimm noch einmal drei tiefe Atemzüge und strecke dich, mach dich dabei so groß du kannst und lade noch einmal ein Lächeln auf dein Gesicht ein. Und wenn du so weit bist, öffnest du deine Augen.

Einsamkeitsgefühle überwinden

Vielleicht kennst du das Gefühl, allein auf der Welt zu sein, dich unverstanden oder ausgeschlossen zu fühlen. Vielleicht glaubst du in trüben Momenten auch, dass sich niemand für dich interessiert. Vielen Menschen geht es so, nicht nur, wenn sie tatsächlich allein sind, sondern auch, wenn sie von vielen Leuten umgeben sind. Falls auch du hin und wieder solche Gedanken und Gefühle hast, dann ist diese Meditationsanleitung genau richtig für dich.

So geht's los

Such dir für deine Meditation einen Ort, an dem du die nächsten Minuten ungestört bist und wo du dich sicher und geborgen fühlst. Du kannst diese Meditation im Sitzen oder im Liegen durchführen.

Richte deinen Fokus liebevoll auf deinen Atem, um dich etwas zu entspannen. Atme tief ein und lass die Luft dann langsam und gleichmäßig wieder hinausströmen. Nimm einige Atemzüge, um bewusst im Moment anzukommen.

Atme mit jedem Einatmen mehr Entspannung und Gelassenheit ein und mit jedem Ausatmen Angst und Anspannung aus. Schließ deine Augen und lass deinen Atem wieder selbstständig fließen.

Deine Meditation

1. Spüre in das Gefühl der Einsamkeit hinein und nimm es wahr, ohne dich dabei von Gedanken forttragen zu lassen. Fühle es in dir und sag dir, dass es okay ist, es im jetzigen Moment zu fühlen. Jetzt gerade fühlst du dich einsam.

2. Nimm ein paar tiefe Atemzüge und erlaube dir, NICHT an diesem Gefühl festhalten zu müssen. Gib dir die Erlaubnis, aktiv etwas gegen das Gefühl der Einsamkeit zu tun, indem du dich daran erinnerst, dass es in Wahrheit wundervolle Menschen in deinem Leben gibt. Tief in deinem Herzen trägst du sie immer bei dir.

3. Denk im nächsten Schritt an einen dieser Menschen, der dir sehr nahesteht und zu dem du eine gute Beziehung hast. Lass sie oder ihn so konkret wie möglich vor deinem inneren Auge erscheinen, sodass der Mensch direkt vor dir steht.

4. Stell dir vor, wie ihr euch gegenseitig anlächelt. Du sagst zu deinem Gegenüber: »Danke, dass es dich gibt.« Dein Gegenüber lächelt liebevoll und erwidert: »Danke, dass es dich gibt.« Spüre tief in diese Worte hinein und genieße sie.

5. Nehmt euch fest in den Arm und erinnere dich genau daran, wie sich so eine Umarmung anfühlt.

6. Nun erscheinen weitere Menschen um dich herum, zu denen du eine gute Beziehung hast. Stell dir vor, wie sie links und rechts von dir auftauchen, dir freundlich zulächeln und dich herzlich begrüßen. Ganz nah bei dir stehen deine Familie und Freunde. Weiter weg entdeckst du vielleicht liebe Kollegen, Bekannte oder Nachbarn.

7. Mit all diesen lieben Menschen um dich herum, denen du wichtig bist, erlaubst du dir, das Gefühl der Einsamkeit loszulassen und nicht an ihm festhalten zu müssen.

8. Verweile noch einen Moment in dem schönen Gefühl der wohligen Umarmung und der Präsenz so vieler Menschen, denen du wichtig bist und die dir voll und ganz liebevoll gegenüberstehen.

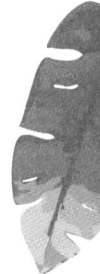

Zum Schluss

Halte diese Vorstellung so lange aufrecht, wie du magst. Wirf noch einen letzten Blick auf all die Menschen, die du in deiner Meditation gesehen und gespürt hast. Sie alle stehen dir liebevoll gegenüber.

Nimm noch ein paar tiefe Atemzüge und lächle. Bedanke dich bei dir selbst, dass du dir diesen Moment der Meditation geschenkt hast. Du hast Nähe in dein Leben eingeladen und dir selbst erlaubt, das Gefühl der Einsamkeit ziehen zu lassen. Lass das Lächeln noch ein wenig größer werden, strecke dich, und wenn du so weit bist, dann öffne deine Augen.

Tipp

»Danke, dass du Teil meines Lebens bist« – vielleicht magst du diese Worte so oder so ähnlich auch als Textnachricht an einen lieben Menschen senden. Auch das wird dir helfen, dich diesem Menschen näher zu fühlen, und die Freude über deine Wertschätzung ist gewiss groß.

Bei Erkältung und leichter Krankheit

Bei einer Erkältung ist vor allem viel Ruhe und eine gesunde Lebensweise wichtig. Zusätzlich kannst du deinen Körper mit Visualisierungen bei der Genesung unterstützen. Spätestens seit dem erfolgreichen Einsatz von Placebos wissen wir, dass die innere Haltung großen Einfluss auf unsere Selbstheilungskräfte und auf unser Immunsystem haben. Ich möchte dir mit dieser Meditation eine Methode an die Hand geben, um diese Kräfte zu mobilisieren und zu stärken und schnell wieder gesund zu werden.

So geht's los

Diese Meditation kannst du gern direkt an dem Ort machen, an dem du dich ausruhen möchtest, etwa in deinem Bett oder auf der Couch.

Beginne dich und deinen Körper zu beruhigen – das gelingt dir am besten, indem du deine Augen schließt und dich für einige Momente auf nichts anderes als deinen Atem konzentrierst.

Atme tief durch die Nase ein und langsam und gleichmäßig durch den Mund wieder aus. Du wirst merken, dass du spürbar ruhiger wirst und immer mehr im Moment ankommst. Verfolge ganz bewusst deinen Atem. Wo kannst du fühlen, wie die Luft einströmt? Kannst du verfolgen, wie sich Bauch und Brust heben und senken? Wenn du deinen Rhythmus gefunden hast, lass deinen Atem ganz von allein fließen und dich von jedem Atemzug noch tiefer in die Entspannung tragen.

Deine Meditation

1. Werde dir darüber bewusst, dass du mit positiven Gedanken positive Veränderungen herbeiführen kannst und dass dies auch für dein Immunsystem gilt.

2. Stell dir vor, deine Immunkräfte hätten einen zentralen Sitz in deinem Körper; so etwas wie ein Hauptquartier, von dem aus sie alle Gefahren erkennen und abwehren.

3. Geh noch tiefer in die Visualisierung. Stell dir vor, welche Gestalt deine Immunkräfte annehmen könnten. Sie könnten deine persönlichen Bodyguards sein oder auch majestätische, kraftvolle Tiere, die als wachsame Beschützer deinen Körper auf der Suche nach Gefahren durchstreifen.

4. Richte deine ganze Konzentration auf deine Beschützer und stell dir vor, wie du ihnen so viel Energie schickst, dass sie noch größer, stärker und wachsamer werden.

5. Geh intensiv in die Vorstellung, wie deine Beschützer jetzt in diesem Moment alles dafür tun, um Gefahren und Krankheiten abzuwehren und zu vertreiben.

6. Geh in eine tiefe Dankbarkeit für deine Abwehrkräfte und stell dir vor, wie du auch ihnen diese Energie schenkst, um sie noch weiter zu stärken.

7. Schließ die Visualisierung mit dem Gedanken ab, dass du immer gut geschützt sein wirst, wenn du deine Beschützer mit der Energie versorgst, die sie brauchen, und dass sie dich dann nie enttäuschen werden.

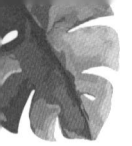

Zum Schluss

Bring deine Aufmerksamkeit zurück zu deinem Atem. Lass dich von deinem Atem wieder ins Hier und Jetzt begleiten.

Erforsche dein Inneres nach Anzeichen von Veränderung. Fühlst du dich schon ein klein wenig kraftvoller?

Blicke mit Stolz und Zufriedenheit zurück auf deine Meditation und auf das Geschenk, das du dir und deinem Körper gemacht hast.

Wenn du bereit bist, dann strecke dich, schenk dir ein Lächeln und öffne deine Augen.

Wichtig

Bitte beachte, dass die Meditation eine medizinische Behandlung nicht ersetzt. Solltest du starke oder anhaltende Beschwerden haben, hol dir bitte ärztlichen Rat!

Meditationen bei intensiven Emotionen

Bei Kummer und Traurigkeit

Es gibt sie, diese Tage, an denen die Welt grau und voller Schatten zu sein scheint. Besonders in den dunklen Monaten erfahren viele Menschen Melancholie oder Traurigkeit. Oftmals kann nicht einmal ein direkter Auslöser dafür ausgemacht werden, und doch ist es möglich, mithilfe der Visualisierungen in dieser Meditation deine Stimmung wieder aufzuhellen.

So geht's los

Schaffe dir eine einladende Atmosphäre an deinem Meditationsort. Du solltest hier für die nächsten Minuten ungestört sein und dich wohl und geborgen fühlen. Als liebevolle und wertschätzende Geste machst du es dir richtig schön gemütlich. Vielleicht magst du dir eine Kerze anzünden und entspannende Musik hören.

Nimm deine Meditationsposition ein. Du solltest dich in ihr wohlfühlen und die nächsten Minuten bequem verbringen können. Nimm dir einen Moment, um an deinem Platz anzukommen, nimm ein paar tiefe Atemzüge, und wenn du so weit bist, dann schließ deine Augen. Spüre die Unterlage, auf der du sitzt. Spüre in jeden Winkel deines Körpers hinein und komm so voll und ganz in deiner inneren Welt an. Wenn du so weit bist, dann lass uns beginnen.

Deine Meditation

1. Nimm wahr, wie es dir gerade geht. Spüre deine Emotionen, nimm deine Gedanken wahr und nicht mehr. Bewerte nicht und versuche mal, nur zu beobachten. Erlaube der Traurigkeit, präsent zu sein. Nimm sie wahr.

2. Richte deinen Fokus liebevoll zurück auf deinen Atem. Löse dich von deinen Gedanken und Gefühlen und betrachte nur den Rhythmus und Fluss deines Atems und wie dein Körper von deinem Atem bewegt wird.

3. Stell dir vor, du atmest in dein Herz. Leg eine Hand auf dein Herz. Schick in Gedanken die eingeatmete Luft zu deinem Herzen und atme so weiter.

4. Nun stellst du dir vor, wie du mit jedem Atemzug einen Schwall goldenen Lichts in dich aufnimmst. Visualisiere, wie du es durch die Nase einatmest und es durch deinen Hals und deine Brust direkt zu deinem Herzen fließt. Wunderbar helles, freundliches und kraftvolles Licht wird mit jedem Atmen direkt zu deinem Herzen transportiert.

5. Mit jedem Atemzug wird das Licht heller und heller. Leuchtendes goldenes Licht breitet sich von deinem Herzen her in deinem ganzen Körper aus und erhellt nach und nach die Schatten der Traurigkeit in deinem Körper.

6. Visualisiere nun, wie du mit jedem Atemzug goldenes Licht einatmest und dann die graue Traurigkeit ausatmest. Goldenes Licht ein – graue Schatten aus. Lass das goldene Licht nach und nach deinen ganzen Körper durchfluten.

Zum Schluss

Genieße solange du möchtest, wie das goldene Licht die Schatten der Traurigkeit vertreibt. Spüre nach, was sich in dir verändert hat und wie du dich fühlst.

Wenn du so weit bist, dann bereite dich darauf vor, deine Meditation zu beenden und das helle, freundliche Gefühl in deinen Tag mitzunehmen.

Bewege deine Hände und Füße erst ganz leicht, dann etwas stärker und lass das Leben in deine Gliedmaßen zurückkehren.

Strecke dich, mach dich groß und schenk dir ein Lächeln, denn das hast du gut gemacht. Und wenn du dann so weit bist, dann öffne deine Augen.

Wichtig

Diese Meditation ist dafür gedacht, gegen einen schlechten Tag oder eine kleine bis mittlere Verstimmung anzugehen. Leidest du hingegen unter Depressionen oder lang anhaltender, tiefer Traurigkeit, solltest du medizinische oder therapeutische Hilfe in Anspruch nehmen. Es ist okay und richtig, dir Hilfe zu suchen.

Anspannung und Druck loslassen

In unserem täglichen Leben kann sich eine Menge Anspannung in uns aufstauen, die zu körperlichen Beeinträchtigungen, wie zum Beispiel Kopf- und Rückenschmerzen, führen kann. Mit dieser Meditation möchte ich dir eine Technik an die Hand geben, um Anspannungen abzubauen. Lass uns gleich loslegen!

So geht's los

Einige Schritte der Meditationsanleitung beziehen deine Hände mit ein. Ich empfehle dir von Herzen, dies für dich auszuprobieren, denn Körper und Geist beeinflussen sich gegenseitig unmittelbar. Die Einbeziehung des Körpers in die Meditation ist ein einfaches und gleichzeitig sehr effektives Hilfsmittel.

Diese Meditation kannst du im Liegen oder im Sitzen machen. Schau einfach, wonach dir gerade ist, und finde eine Position, in der du die nächsten Minuten bequem verbringen kannst.

Schließ deine Augen und wende dich deinem Atem zu. Beobachte ihn, wie er langsam und gleichmäßig in dich hinein- und aus dir herausströmt. Mit jedem Atemzug kommst du etwas mehr im Moment an.

Deine Meditation

1. Werde dir bewusst, wie es gerade in dir aussieht. Welche Gefühle und Gedanken, welcher Druck und welche Anspannung herrschen in dir? Lass für einen Moment alles so, wie es ist, und nimm es an. Spüre all die angestauten Emotionen der letzten Tage und nimm auch wahr, wo du sie fühlen kannst. In deinem Bauch? In deiner Brust? In deinem Nacken?

2. Schließ deine Hände und balle sie zu festen Fäusten. Lass sie ganz fest und hart werden und nutze all die Anspannung, all den Druck der letzten Zeit, um sie noch härter werden zu lassen.

3. Richte deinen Fokus auf deine Hände und fühle den Druck und die Anspannung jetzt nur noch in ihnen. Lass alles, was dich in letzter Zeit belastet hat, in deine Hände wandern und spüre es dort, während du die Spannung in deinen Fäusten aufrechterhältst.

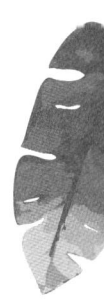

4. Halte die Spannung mit all deiner Kraft aufrecht. Sollte die Kraft in deinen Händen nachlassen, schickst du noch mehr von deiner Anspannung der letzten Zeit in deine Fäuste und presse sie wieder fest zusammen.

5. Je mehr Energie du in deine Fäuste lenkst, desto mehr löst sich die Spannung in deinem Innersten. Lass deine Fäuste fest und hart bleiben, bis alle Anspannung aus deinem Innersten in sie geflossen ist und du sie in deinen Händen spüren kannst.

6. Spüre die Anspannung und den Druck in deinen Händen und wie leicht sich dein Inneres jetzt anfühlt. Dann lass alle Anspannung in deinen Händen los und in die Luft entweichen. Nimm wahr, wie dein Körper von deinen entspannten Händen her von einer Welle der Leichtigkeit erfasst wird.

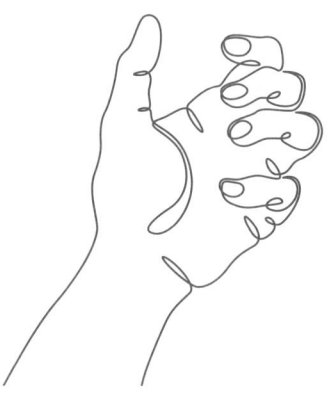

Zum Schluss

Nun kannst du das wunderbar befreite Gefühl genießen, das dir das Loslassen der Anspannung geschenkt hat. Das Schöne ist, dass du dir jederzeit wieder auf diese Weise Erleichterung verschaffen kannst, solltest du erneut Anspannungen wahrnehmen.

Richte deine Aufmerksamkeit auf deinem Atem. Atme tief durch die Nase ein und durch den Mund aus. Bereite dich darauf vor, deine Meditation gleich zu beenden.

Bewege leicht deine Gliedmaßen und streck dich. Schenk dir ein Lächeln, und wenn du so weit bist, dann öffne deine Augen.

Umgang mit Überforderung

Es kann jedem Menschen passieren, dass er sich überfordert fühlt. Überforderung hat vielfältige Ursachen: zu viele To-dos, unerwartete Herausforderungen oder eine zu große Verantwortung. Dieser Zustand ist ähnlich wie die Schockstarre in einer Gefahrensituation und kann genauso lähmend sein. Mit der folgenden Meditation kannst du dich aus dem Zustand der Überforderung lösen.

So geht's los

Begib dich an deinen Meditationsort, an dem du dich sicher und geborgen fühlst, und wo du die nächsten Minuten möglichst ungestört bist. Diese Meditation kannst du im Sitzen oder im Liegen machen. Nimm eine Meditationshaltung ein, in der du dich entspannen kannst.

Schließ deine Augen und richte deine Aufmerksamkeit auf deinen Atem. Beobachte, wie er in deinen Körper strömt und ihn wieder verlässt. Du kannst dich mit ein paar tiefen, bewussten Atem-

zügen auf deine Meditation einstimmen und dann deinen Atem wieder frei fließen lassen.

Deine Meditation

1. Nimm wahr, wie es dir gerade geht. Spüre in das Gefühl der Überforderung hinein und versuche, es für einen Augenblick in seinem ganzen Ausmaß zu erfassen. Vielleicht fühlt es sich an wie ein großes Durcheinander. Verlangst du gerade sehr viel von dir? Lastet eine große Verantwortung auf dir? Oder steckst du mitten in einer persönlichen Krise?

2. Überforderung kann sich zeitweise wie ein heftig peitschender Wirbelsturm anfühlen. Alles wirbelt durcheinander, laut, schnell und hektisch, sodass es schwer ist, auch nur einen klaren Gedanken zu fassen. Visualisiere diesen Wirbelsturm aus all den Dingen, die dich überfordern.

3. Stell dir vor, wie du deinen Körper immer widerstandsfähiger werden lässt. Du fühlst dich sicher, geborgen und standfest. Vielleicht magst du dir vorstellen, wie du eine undurchdringliche Rüstung oder einen Schutzumhang angelegt hast, der dich stärkt und vor dem Sturm schützt.

4. Betritt gedanklich das Auge des Sturms. Nach einigen schweren Schritten spürst du auf einmal absolute Stille, nur ein laues Lüftchen weht.

5. Du befindest dich jetzt direkt im Auge des Sturms. Um dich herum wirbelt alles, was dich bis vor Kurzem noch überfordert hat. Von deiner jetzigen Position aus kannst du jedes Thema einzeln aus dem Sturm herausziehen. Betrachte ein Thema nach dem anderen, schau es dir in Ruhe an und überlege, wie du es angehen könntest.

6. Wichtig ist, dass du dir jedes einzelne Thema vornimmst, bis du alles durchgearbeitet hast, was dich belastet. Mit jedem Mal wird der Sturm ein wenig schwächer, bis er schließlich verstummt und dir endlich wieder das Sonnenlicht das Gesicht wärmt.

Zum Schluss

Es kann sein, dass dir während der Meditation bewusst geworden ist, dass du deine Aufgaben bewältigen kannst, wenn du sie nacheinander angehst. Vielleicht ist dir aber auch bewusst geworden, dass Unterstützung hilfreich wäre. Es ist okay, um Hilfe zu bitten, um dich zu entlasten.

Spüre die Unterlage, die dich trägt, und bewege deine Hände und Füße. Spüre jede Bewegung und freue dich darauf, deinen Tag mit mehr Leichtigkeit fortzusetzen.

Nimm noch ein paar tiefe Atemzüge, schenk dir selbst ein Lächeln, und wenn du so weit bist, dann öffne deine Augen.

Ängste überwinden

Im Leben kann es Orte, Situationen, Menschen und Gedanken geben, die uns Angst machen. Die Meditationsübung stärkt dich, wenn du dich im Moment unwohl fühlst und Angst hast oder wenn du vor einer Situation stehst, die dir Angst macht. Mithilfe der Meditation verliert sie nach und nach ihren Schrecken.

So geht's los

Mach es dir für diese Meditation im Sitzen oder Liegen an einem Ort bequem, der für dich Sicherheit und Geborgenheit ausstrahlt.

Um dich auf die Meditation einzustimmen, schließ deine Augen und spüre in deinen Körper hinein. Lass nach und nach etwas Entspannung einkehren.

Richte deine Aufmerksamkeit für ein paar Momente auf deinen Atem. Such dir eine Stelle in deinem Körper, an der du ihn besonders gut spüren kannst, und beobachte ihn dort aufmerksam. Auf diese Weise kannst du etwas zur Ruhe kommen.

Deine Meditation

1. Lass in deinen Gedanken einen Ort entstehen, der für dich vollkommene Sicherheit repräsentiert. Welcher Ort könnte es sein? Ist es ein Ort, an dem du schon einmal warst? Ist es ein Ort aus deiner Fantasie? Wenn du möchtest, dann kannst du diesen sicheren Ort auch hier und jetzt in deinen Gedanken erschaffen.

2. Passe den sicheren Ort an deine Bedürfnisse an, sodass du dich dort vollkommen wohl, sicher und geborgen fühlst. Nutze all deine Sinne, um deinen sicheren Ort wahrzunehmen. Was kannst du hören, riechen und fühlen?

3. Mach es dir bequem. Kannst du hier zur Ruhe kommen? Wenn das noch nicht funktioniert, dann frag dich, was du noch brauchst, um dich ganz und gar sicher zu fühlen, und füge es dem sicheren Ort hinzu.

4. Alles ist möglich in deiner inneren Welt. Du kannst eine schwere Tür, dicke Mauern oder starke Schlösser entstehen lassen oder dich in luftigen Höhen in Sicherheit bringen. Was immer du brauchst, kannst du entstehen lassen. Vielleicht gibt es auch einen Menschen oder ein Tier, was dir hier Gesellschaft leisten darf und in dessen Gesellschaft du dich sicher fühlst?

5. Du kannst deinen sicheren Ort ganz nach deinen Bedürfnissen und Wünschen einrichten. Hier kannst du dich gedanklich einmal zurücklehnen, tief durchatmen und dich entspannen.

Zum Schluss

Bleib an deinem sicheren Ort, bis das Gefühl der Angst verschwunden ist und du dich sicher und geborgen fühlst.

Richte deine Aufmerksamkeit dann wieder liebevoll auf deinen Atem und verfolge ihn noch für ein paar Momente aufmerksam.

Spüre die Unterlage, auf der du liegst, und die dich sicher trägt. Spüre jeden Berührungspunkt und erlaube dir wieder, im Hier und Jetzt anzukommen.

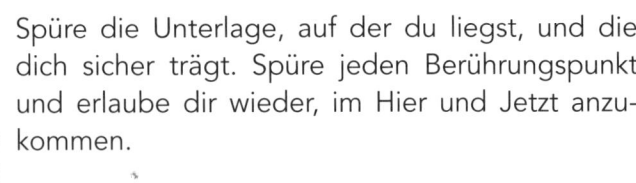

Mach dir klar, dass du jederzeit an deinen sicheren Ort zurückkehren kannst. Er ist immer für dich da.

Schenk dir selbst ein Lächeln, mach dich groß, und wenn du so weit bist, dann öffne deine Augen.

Wichtig

Leidest du unter einer Angststörung oder glaubst, darunter zu leiden, hast Panikattacken und große Ängste, die kaum auszuhalten sind, dann nimm bitte medizinische oder therapeutische Hilfe in Anspruch.

Meditationen für zwischenmenschliche Beziehungen

Mit Streit umgehen

Bei einem Streit werden oft Dinge gesagt oder getan, die man später bereut. Eine kurze Auszeit und Abstand während oder nach dem Streit können Abhilfe schaffen. Diese Meditation soll dir dabei helfen, den Streit zu überwinden.

So geht's los

Begib dich während eines Streits an einen neutralen Ort, nachdem du dein Gegenüber darum gebeten hast, den Schauplatz des Streites kurz verlassen zu dürfen. Oder du suchst nach dem Streit einen Ort auf, an dem du dich wohl und geborgen fühlst. In jedem Fall solltest du dir sicher sein, dass du für etwa 20 Minuten ungestört bist.

Beginne nun, die durch den Streit entstandene Anspannung abzubauen, indem du deinen Fokus auf deinen Atem lenkst. Atme tief durch die Nase ein und langsam und gleichmäßig durch den Mund wieder aus. In Streitsituationen kann es helfen, mit etwas Druck ein- und auszuatmen. Stell dir vor, wie du mit jedem Atemzug Anspannung und Ärger aus- und Gelassenheit und Güte einatmest.

Werde dir darüber bewusst, dass die nächsten Minuten nur dir gehören. Dann lass deinen Atem wieder ganz von allein fließen und schließ deine Augen.

Deine Meditation

1. Stell dir vor, wie sich die Szenerie des Streits immer weiter entfernt, sodass du mit Abstand auf die Situation blicken kannst. Du siehst dich und die andere Person jetzt von außen.

2. Beobachte die Situation neutral und versuche, jegliche Bewertung und Emotion außen vor zu lassen. Worum ging es bei dem Streit überhaupt? Wie kam es dazu? Gab es vielleicht ein fundamentales Missverständnis?

3. Mach dir bewusst, dass es in vielen Fällen nicht darum geht, ob und wer bei diesem Streit recht hat. Jede beteiligte Person hat ihren persönlichen Standpunkt, der durch die eigenen Erfahrungen, Wünsche und Überzeugungen geprägt ist. Keine Meinung ist mehr oder weniger wert. Vielleicht kannst du es schaffen, die Situation wertfrei zu betrachten.

4. Stell dir achtsam die Frage: Was ist der Grund für diesen Streit? Kommen vielleicht tiefe Verletztheit oder ein anderes emotionales Problem zum Vorschein? Lass Mitgefühl und Verständnis für dich und die andere Person in dir wachsen und dann gib dir selbst die Erlaubnis, den Streit loszulassen.

5. Stell dir vor, wie du der anderen Person gegenüberstehst und ihr fest in die Augen blickst. Halte den Blick und sag zu ihr: »Es tut mir leid, bitte vergib mir.« Dein Gegenüber erwidert: »Ich vergebe dir. Auch mir tut es leid, bitte vergib mir.« Wenn du möchtest, könnt ihr euch umarmen oder die Hände reichen. Lass mit dieser gedanklichen Versöhnung Frieden in dich einkehren.

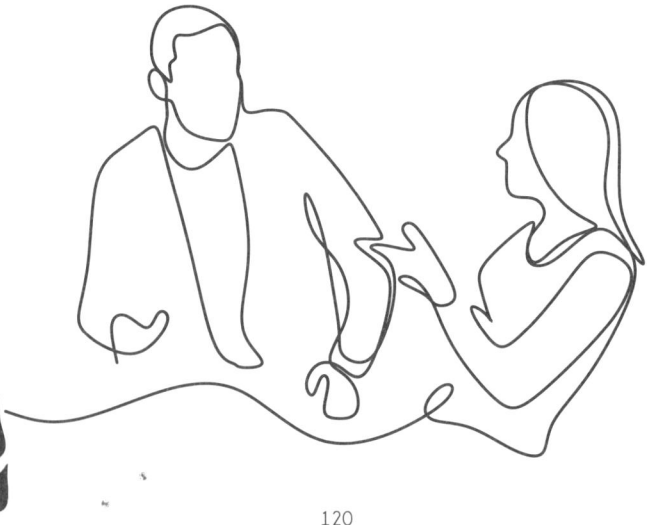

Zum Schluss

Kannst du wahrnehmen, wie gut sich dieser Augenblick voller Mitgefühl und tiefem Verständnis füreinander anfühlt? Werde dir deines nächsten Schritts bewusst, den du in deinem Inneren schon beschlossen hast.

Richte deinen Fokus wieder liebevoll auf deinen Atem. Atme ein paar Mal tief durch die Nase ein und langsam und gleichmäßig wieder aus.

Spüre die Unterlage unter dir. Fühle jeden Berührungspunkt und werde dir deiner Position im Raum bewusst.

Bewege deine Hände und Füße, strecke dich, und wenn du so weit bist, dann öffne deine Augen.

Bei Ärger und Wut

Starke Gefühle wie Ärger und Wut gehören zu uns und zum Leben dazu. Auch wenn sie sich nicht gut anfühlen, ist es erst mal okay, dass sie da sind. Ein bewusster Umgang mit diesen Emotionen bedeutet nicht, sie zu unterdrücken, sondern darauf zu reagieren.

Die Gefühle sollten nicht verdrängt werden, sonst brodelt es unter der Oberfläche in dir weiter, und bei der nächsten Enttäuschung bricht der Vulkan aus. In dieser Meditation setzt du dich mit den Emotionen in dir auseinander und erkennst sie an. Nachdem du dir Zeit für diese Gefühle genommen hast, kannst du entscheiden, ob du sie auflösen möchtest. Denn lange wütend sein fühlt sich nicht nur unangenehm an, es kostet auch jede Menge deiner wertvollen Kraft und Energie.

So geht's los

Zieh dich an einen Ort zurück, an dem du für dich sein kannst und für die Dauer deiner Meditation ungestört bist.

Komm zur Ruhe. Am einfachsten gelingt dir das, wenn du dich für ein paar Momente auf deinen Atem konzentrierst. Atme gleichmäßig ein und aus. Beobachte, wie die Luft in deinen Körper strömt und ihn wieder verlässt. Sei mit deinem ganzen Fokus bei deinem Atem.

Deine Meditation

1. Nimm den Ärger in dir wahr. Denk dabei an den Grund deiner Wut. Die Emotionen dürfen da sein. Du musst sie nicht unterdrücken, lass sie zu.

2. Wo in deinem Körper kannst du die Emotionen spüren? Beobachte die körperliche Empfindung mit neutraler Neugier. Es ist okay, wenn sich dein Körper angespannt anfühlt. Vielleicht sind deine Schultern verkrampft oder du spürst die Wut in deinem Bauch oder einen Druck auf deiner Brust.

3. Lass die Gefühle in dir noch stärker werden. Oft werden negative Emotionen schnell verdrängt. Jetzt dürfen und sollen sie wahrgenommen werden! Denk bewusst daran, was dich wütend macht, und spüre, wie dein Körper darauf reagiert. Alles darf gerade sein – es ist okay!

4. Spüre die Anspannung und lass sie für ein paar Momente einfach nur präsent sein. Gib dir selbst die Erlaubnis dafür, dass die Emotionen da sein dürfen.

5. Nun triffst du eine klare Entscheidung: Sollen dich der Ärger und die Wut weiter begleiten oder möchtest du diese starken Gefühle loslassen?

6. Hast du dich entschlossen, dass du diese starken Emotionen loslassen möchtest? Dann nimm einen tiefen Atemzug und beim Ausatmen sage dir im Stillen: »Ich lasse den Ärger jetzt los.« Stell dir dabei vor, wie der Ärger deinen Körper verlässt.

7. Stell dir vor, wie du die Wut nun vor dir hast, außerhalb deines Körpers. Du kannst sie gründlich betrachten. Welche Farbe und welche Gestalt hat sie? Durch die Betrachtung des Ärgers ist es leichter, in Distanz zu deiner Emotion zu gehen. Du beobachtest die Wut und kannst dich deshalb von ihr abgrenzen.

8. Verabschiede dich freundlich und entschlossen von deiner Wut, indem du ihr klarmachst, dass du sie nicht mehr benötigst. Sieh ihr nach, wie sie sich entfernt und langsam immer kleiner wird.

Tipp Wenn du wahrnimmst, dass du die Emotionen noch nicht gehen lassen möchtest, dann ist das okay! Erforsche in deiner Meditation den Grund dafür und was du brauchst, um mit deinem Ärger abzuschließen.

Zum Schluss

Nimm wahr, wie es dir jetzt geht. Was hat sich in dir verändert? Hat sich deine körperliche Anspannung gelöst?

Um dich darauf vorzubereiten, deine Meditation zu beenden, lass deinen Atem für einige Momente wieder etwas tiefer und bewusster werden.

Wenn du so weit bist, öffne deine Augen. Komm wieder in deiner Umgebung an. Bewege dich etwas, schenk dir selbst ein Lächeln.

Eifersucht überwinden

Viele Menschen packt früher oder später einmal das Gefühl der Eifersucht. Vielleicht unterhält sich dein Freund angeregt auf einer Party oder deine Freundin ist im regen WhatsApp-Kontakt mit einem Kollegen? Sofort startet dein Gedankenkarussell und überflutet dich mit den absurdesten Vermutungen. Ehe du dich versiehst, stehst du kurz davor, eine Szene zu machen. Doch wäre eine solche Reaktion wirklich sinnvoll? Oft hat die aufkommende Eifersucht ja gar nichts mit der Beziehung zwischen euch zu tun. Dahinter stecken häufig schlechte Erfahrungen und Verletzungen aus früheren Beziehungen oder Verlustängste.

Egal, ob zu Hause oder unterwegs: Wenn du eifersüchtig wirst, kann es hilfreich sein, dich erst mal für einen Moment zu besinnen.

So geht's los

Nimm eventuelle Eifersuchtsimpulse wahr, ohne ihnen jedoch nachzugeben. Such etwas räumlichen Abstand und ziehe dich an einen Ort in der

Nähe zurück, an dem du für ein paar Minuten deine Ruhe hast. Bei einer Party oder in einem Lokal kann das zur Not auch die Toilette oder dein Auto sein.

Es geht in dieser Meditation darum, deiner akuten Eifersucht entgegenzuwirken. Mit einem klaren Blick auf die Situation wird es dir leichter fallen, mit aufkommenden Emotionen umzugehen. Es spielt keine Rolle, wenn der Ort deiner Meditation nicht übermäßig bequem ist oder du die Meditation im Stehen machst. Wichtig ist, dass du einen Moment für dich hast.

Deine Meditation

1. Beruhige dich, indem du deinen Fokus auf deinen Atem lenkst. Atme tief durch die Nase ein und langsam und gleichmäßig durch den Mund wieder aus. So bringst du deinen Herzschlag wieder unter Kontrolle und kommst im Hier und Jetzt an.

2. Erforsche deine innere Welt. Was bringt dich zur Eifersucht? Hast du Angst, betrogen oder verlassen zu werden? Hältst du dich für nicht gut genug? Finde heraus, was hinter deiner Eifersucht steckt. Vielleicht beeinflussen dich frühere Erfahrungen?

3. Wende dich deiner inneren Welt zu und erforsche, wonach du dich sehnst. Deine Eifersucht kann ein Zeichen dafür sein, dass dir etwas in der Beziehung fehlt, was du auf deinen Partner projizierst. Fehlt dir körperliche Nähe? Zuwendung? Intimität? Liebevolle Worte? Spüre in dich hinein und finde heraus, was es sein könnte.

4. Überleg dir, wie du genau das, was dir fehlt, deinem Partner geben kannst. Sobald du deinem Partner sagst, zeigst oder einfach schenkst, was du dir selbst wünschst, wird er oder sie es dir vermutlich mit Freude ebenfalls schenken. Du musst nur den Mut haben, es zum Ausdruck zu bringen und deinem Partner liebevoll dein Vertrauen zu schenken.

5. Ruf dir all die schönen und intimen Momente aus eurer Beziehung ins Gedächtnis und erinnere dich an die Leichtigkeit, die du dabei verspürt hast. Es gibt so viele schöne Erinnerungen, die euch verbinden!

6. Dir wird auffallen, dass in all diesen Situationen Angst, Druck und Erwartungen keine Rolle gespielt haben. Konzentriere dich auf deinen Atem und lass mit jedem Ausatmen den Druck, die Angst und überhöhte Erwartungen einfach ziehen.

Zum Schluss

Sobald du das Gefühl der Eifersucht im Griff hast oder es sogar verbannen konntest, begib dich wieder in die Ausgangssituation. Du wirst die Situation jetzt völlig anders bewerten und eine für dich und deine Beziehung gesunde Entscheidung treffen können.

Tipp

Wenn du nach der Meditation wieder mehr in dir ruhst, ist es sinnvoll, das Gespräch mit deinem Partner zu suchen. Der offene Austausch über deine Gefühle kann eurer Partnerschaft noch mehr Tiefe verleihen und eventuelle Missverständnisse aus dem Weg räumen.

Bei Liebeskummer

Liebeskummer tut sehr weh. Wer schon einmal von einer großen Liebe verlassen wurde, kennt den Schmerz, die tiefe Trauer und zugleich die unbändige Wut, mit der man zu kämpfen hat. Diese Meditation ist dazu gedacht, den Schmerz zu lindern, und ich hoffe, ich kann dir damit helfen.

So geht's los

Such dir für deine Meditation einen Ort, an dem du dich absolut wohl, sicher und geborgen fühlst. Du kannst im Sitzen oder auch im Liegen meditieren.

Schließ deine Augen und richte deinen Fokus auf deinen Atem. Atme tief durch die Nase ein und langsam und gleichmäßig durch den Mund wieder aus. Solltest du emotional aufgewühlt sein, so kann es dir helfen, wenn du besonders langsam und vollständig ausatmest.

Spüre deinen Atem in deinem Körper. Wo tritt er ein? Wo tritt er aus? Wie durchquert er deinen Körper? Spüre ganz genau nach, das wird dir helfen, etwas zur Ruhe zu kommen, um dich besser deiner Meditation zu widmen.

Deine Meditation

1. Erlaube dir, für einen Augenblick das ganze Ausmaß deines Liebeskummers zu erfassen. Du darfst für einen Moment alle Gefühle und alle Gedanken zulassen, seien es Selbstzweifel, Trauer, Wut oder Tränen.

2. Spüre, wo in deinem Körper du diese Gefühle wahrnehmen kannst und wie sie sich äußern. Ist es eine Schwere im Bauch, eine Enge in der Brust oder eine Art Benommenheit?

3. Atme tief ein und aus und schick deinen Atem in die Regionen deines Körpers, in denen du den Schmerz empfindest. Durch das Atmen sorgst du für Weite an genau diesen Stellen. Sie trägt dazu bei, dass der Schmerz etwas nachlässt und du dich ihm besser zuwenden kannst.

4. Um das Gefühl der Weite zu verstärken, atme für ein paar Atemzüge besonders tief ein und halte die Luft für ein paar Sekunden an, bevor du kraftvoll wieder ausatmest.

5. Stell dir vor, der Mensch, wegen dem du Liebeskummer hast, stünde dir gegenüber. Schau ihm in die Augen. Vielleicht kommen dir Tränen, aber das ist okay. Stell dir vor, dass ihr durch ein Band miteinander verbunden seid.

6. Erlaube dir selbst, den Entschluss zu fassen, diesen Menschen ziehen zu lassen. Lass zu, dass durch diesen Entschluss der erste kleine Riss in dem Band, das euch verbindet und dich beschwert, entsteht. Jetzt fühlst du dich schon leichter.

7. Wende dich deinem Gegenüber zu. Du hast es verdient, so geliebt zu werden, wie du deinen Partner liebst. Mit dieser Gewissheit sagst du zu ihm: »Ich lasse dich gehen und lasse dich

los. Ich erleichtere mich von der Schwere, die diese Beziehung mir gebracht hat.« Wiederhole diese Sätze ruhig ein paar Mal. Mit jeder Wiederholung wird der Riss in dem Band, das dich beschwert, tiefer. Vielleicht kommen dir dabei wieder Tränen. Das ist vollkommen in Ordnung. Nimm deine Gefühle liebevoll an und verstehe sie als Teil des Ablöseprozesses.

8. Wiederhole den Satz so lange, bis sich irgendwann die Traurigkeit oder Wut in Erleichterung verwandelt. Betrachte das Band, das sich nun vollständig gelöst hat, und spüre, wie frei du jetzt wieder bist. Möglicherweise bist du in diesem Moment noch nicht so weit, diese Freiheit zu genießen, doch der Moment wird kommen.

Zum Schluss

Vielleicht wird der Liebeskummer nicht sofort verschwinden. Gesteh dir zu, dass es vielleicht noch etwas dauern wird. Doch du hast einen großen Schritt zur Überwindung deines Liebeskummers gemacht und bist wieder auf deinem Weg.

Bring deine Aufmerksamkeit liebevoll zurück zu deinem Atem. Spüre, wie die Luft durch deine Nase einströmt und wie sich dein Brustkorb hebt und senkt.

Komm gedanklich wieder in dem Raum an, in dem du meditierst, und werde mit jedem Atemzug präsenter im gegenwärtigen Augenblick. Bewege deine Finger und Zehen und bereite dich darauf vor, deine Meditation gleich zu beenden.

Schenk dir selbst ein liebevolles Lächeln, und wenn du so weit bist, dann öffne deine Augen.

Meditationen für Projekte und Aufgaben

Motivation entwickeln

Prokrastination. Diesen Zungenbrecher kannst du mit dem nicht weniger lustigen Wort »Aufschieberitis« übersetzen. Doch wenn diese sich ewig hinzieht und dich davon abhält, Dinge anzugehen, wird dir vielleicht immer weniger zum Lachen zumute sein. Bestimmt hast du selbst schon mal erlebt, dass du einfach keine Lust hattest, etwas anzufangen oder fertigzustellen, sei es ein Projekt, das schon lange auf Erledigung wartet, eine Hausarbeit, die Steuererklärung oder der Frühjahrsputz. Die Motivation, um die Prokrastination zu durchbrechen, kannst du jederzeit in dir selbst finden. Diese Meditation hilft dir dabei.

So geht's los

Schließ deine Augen und bring deinen Fokus zu deinem Atem. Atme tief durch die Nase ein und langsam und gleichmäßig durch den Mund wieder aus. Spüre, wie dein Atem durch deinen Körper strömt. Lass nach einigen bewussten Atemzügen deinen Atem los und spüre, wie er ganz von selbst kommt und wieder geht.

Deine Meditation

1. Überleg dir, was dich davon abhält, deine Ziele zu verfolgen oder deinen Aufgaben nachzukommen. Gibt es einen bestimmten Grund dafür? Weißt du vielleicht einfach nicht, wie oder wo du anfangen sollst? Spüre nach, was dich bis jetzt hat zögern lassen.

2. Erkenne die Gründe für deine Prokrastination an, wenn sie sich dir zeigen. Sag dir, dass es okay war, deshalb so lange mit der Erledigung deiner Aufgabe zu warten. Aber jetzt ist es an der Zeit, damit zu beginnen.

3. Ruf dir ins Bewusstsein, warum du diese Tätigkeit oder Aufgabe erledigen möchtest. Hast du persönliche Gründe oder ist es notwendig für deine Ausbildung, Arbeit oder Partnerschaft? Warum ist die Aufgabe wichtig für dich? Konzentriere dich genau auf dein »Warum«.

4. Visualisiere, wie du mit deiner Aufgabe beginnst und mit Leichtigkeit dabeibleibst. Vielleicht ist es nicht deine liebste Tätigkeit, doch auch hierbei kannst du in den Flow kommen, sodass sie dir leicht von der Hand geht. Erlaube dir, bei der Erledigung der Aufgabe Freude zu empfinden. Vielleicht magst du währenddessen Musik hören, die du magst?

5. Nun stell dir so lebhaft wie möglich vor, wie gut es sich anfühlen wird, wenn das Projekt abgeschlossen ist. Sieh dich mit einem zufriedenen Lächeln diesen Punkt auf deiner To-do-Liste abhaken. Visualisiere das Resultat deiner Aufgabe und erlebe jetzt schon die Emotionen, die sich mit diesem Erfolg in dir ausbreiten. Gestalte diesen Schritt so intensiv und farbenfroh wie möglich in deinem Kopf, so sehr, dass dich das Bild motiviert und du einen angenehmen Tatendrang verspürst.

Zum Schluss

Bevor du deine Meditation beendest, wende dich wieder für ein paar Momente deinem Atem zu. Atme Leichtigkeit und Tatendrang in dich ein und lass beim Ausatmen los, was dich noch abhalten könnte.

Dann bereite dich langsam darauf vor, mit deiner Aufgabe anzufangen. Bring dazu Leben in deinen Körper, strecke deine Arme und fühl dich energetisiert und wach. Dann öffne deine Augen und leg los!

Tipp

Zusätzlich zur Meditation kannst du dir überlegen, wie du dich selbst für die Erledigung deiner Aufgabe belohnen möchtest. Wie kannst du dich selbst feiern?

Für bessere Konzentration

Du möchtest für eine Prüfung lernen oder musst etwas tun, das absolute Konzentration verlangt, doch deine Gedanken schweifen ständig ab? Konzentration und Fokus kannst du mithilfe dieser Meditation trainieren. Je öfter du sie machst, desto größer sind deine Fortschritte: Du kannst deinen Fokus immer länger halten und auch die Meditation wird von Mal zu Mal leichter für dich.

So geht's los

Wähle eine aufrechte Position, die du bequem länger halten kannst. In einer sitzenden Körperhaltung fällt die Konzentration in der Regel leichter als im Liegen.

Dann nimm dir einen Augenblick, um anzukommen in dem Raum, in dem du bist, und in diesem Moment. Spüre den Kontakt zur Unterlage und lass Ruhe in dich einkehren.

Während der Übung richtest du deine Aufmerksamkeit nacheinander auf drei verschiedene »Objekte«: zunächst auf die Hand, dann auf den Atem und schließlich auf den Bereich zwischen Nase und Mund. Es ist nicht schlimm, wenn du bemerken solltest, dass deine Gedanken immer wieder abschweifen. Du darfst geduldig mit dir selbst sein und das Ganze wie ein Art mentale Fitnessübung verstehen.

Deine Meditation

1. Richte deine gesamte Aufmerksamkeit auf eine deiner Hände. Schau sie dir möglichst genau an, ohne abzuschweifen. Betrachte die Handfläche, den Handrücken, deine Finger und die Nägel. Fühle deine Hand. Bewege sie ein wenig und halte deinen Fokus für einige Zeit dabei ganz und gar auf deine Hand gerichtet.

2. Schließ deine Augen und bring deinen Fokus jetzt zu deinem Atem. Beobachte ihn interessiert und aufmerksam. Wo strömt er ein und aus? Sei mit deiner gesamten Aufmerksamkeit bei deinem Atem. Wo kannst du ihn im Körper spüren? Verfolge, wie sich Brust und Bauchdecke heben und senken. Sollten sich Gedanken einschleichen, die dich ablenken, so nimm sie wahr und komm liebevoll und achtsam wieder zu deinem Atem zurück. Halte deinen Fokus für einige Momente aufrecht.

3. Bring deine Aufmerksamkeit zu deinem Gesicht. Nimm in allen Details wahr, wie es sich anfühlt: deine Stirn, deine Nase, dein Mund und deine Augen. Komm dann zu der Stelle zwischen Nase und Mund mit dem schönen Namen »Philtrum«. Konzentriere dich voll und ganz auf diese kleine Stelle, so als wäre ein Scheinwerfer darauf gerichtet, während der übrige Körper im Dunkeln liegt. Bleib auch hier für ein paar Augenblicke mit deinem gesamten Fokus auf dem Philtrum. Lass alles andere in den Hintergrund rücken und sei voll und ganz bei dieser kleinen Stelle in der Mitte deines Gesichts.

Zum Schluss

Gönne deiner Konzentration eine Pause und wertschätze dich selbst dafür, dass du dir Zeit genommen hast, um sie zu trainieren. Du kannst diese Übung jederzeit wiederholen – sei es kurz vor einer Herausforderung oder um deine Konzentration generell zu stärken.

Stell dich dann darauf ein, deine Meditation gleich zu beenden. Atme noch ein paar Mal tief ein und aus und nimm dich selbst wieder in dem Raum wahr, in dem du bist. Dann schenk dir selbst ein Lächeln und öffne deine Augen.

Tipp

Versuche anfangs, deinen Fokus für eine Minute aufrechtzuerhalten. Wenn du schon etwas geübter bist, verlängerst du den Zeitraum auf drei oder fünf Minuten.

Zur leichteren Entscheidungsfindung

Jeder von uns trifft am Tag, ob bewusst oder unterbewusst, Hunderte von Entscheidungen. Manche sind eher nebensächlich, manche sind wichtig und wieder andere sind Lebensentscheidungen. Es ist nur natürlich, dass es dir manchmal schwerfällt, eine Entscheidung zu treffen, etwa wenn eine Angelegenheit sehr wichtig ist oder die Optionen unübersichtlich sind. Die folgende Meditation ist eine wunderbare Möglichkeit, um dir die Entscheidungsfindung zu erleichtern.

So geht's los

Such dir einen Ort, an dem du für die nächsten Minuten ungestört bist. Dann nimm dich selbst an dem Ort wahr, an dem du bist. Werde dir bewusst, wo genau in dem Raum du dich befindest, und spüre den Kontakt zur Unterlage unter dir. Erlaube dir so, ganz im Moment, im Hier und Jetzt anzukommen.

Schließ deine Augen und richte deine Konzentration auf deinen Atem. Atme tief durch die Nase

ein und durch den Mund wieder aus. Lass durch das bewusste Atmen mehr und mehr Ruhe in deinen Körper und deinen Geist einkehren. Dann lass deinen Atem los und ihn ganz von allein fließen.

Deine Meditation

1. Lenke deine Gedanken langsam zu der Entscheidung, vor der du stehst. Versuche, ruhig und gelassen zu bleiben und nicht sofort eine Entscheidung erzwingen zu wollen. Tritt gedanklich einen Schritt zurück und sieh dir ganz in Ruhe die Optionen an, die dir zur Verfügung stehen. Wirst du dich für einen neuen Job entscheiden? Ist es eine Herzensangelegenheit? Ist es vielleicht sogar eine Liebesangelegenheit? Mach dir keine Sorgen, du wirst die Entscheidung treffen, die für dich richtig ist.

2. Fühle dich in die erste Möglichkeit hinein. Stell dir vor, du hättest dich dafür entschieden und lebst nun in dieser Realität. Was hat sich verändert? Wie ist dein Leben nach dieser Entscheidung verlaufen? Sieht dein Tag schön für dich aus? Wie siehst du aus? Wie fühlt es sich an? Und am wichtigsten: Bist du glücklich? Es geht in diesem Schritt nur darum, in diese Option hineinzuspüren. Du musst noch keine Schlussfolgerung ziehen oder eine Entscheidung treffen.

3. Widme dich der zweiten oder nächsten Option und fühle dich in sie hinein. Lass alle Folgen dieser Entscheidung in deinen Gedanken Realität werden. Nimm dir Zeit, um auch in diese Möglichkeit hineinzuspüren, mit allen Konsequenzen und Folgen, die sie vermutlich mit sich bringt. Auch jetzt musst du noch keine Schlussfolgerungen ziehen oder eine Entscheidung treffen.

4. Vielleicht sind dir im Laufe deiner Meditation weitere Möglichkeiten eingefallen. Du darfst sie zulassen, auch wenn sie dir vorher noch nicht bewusst waren. Fühle auch in diese Möglichkeiten hinein und lass sie gedanklich real werden. Auch jetzt geht es wieder nur darum, hineinzuspüren und dir der Folgen für dein Leben bewusst zu werden.

5. Wenn du bereit bist, lässt du all die verschiedenen Realitäten, die du visualisiert hast, auf dich wirken. Mit welchen Optionen geht es dir am besten? Hast du vielleicht schon einige Optionen ausschließen können und hat sich eventuell sogar ein erster Entscheidungsimpuls bestätigt? Es darf leicht sein und sich gut anfühlen. Mit dem nötigen Überblick und Abstand entscheidest du dich für die Option, die sich für dich am besten anfühlt.

Zum Schluss

Fühlt sich deine Entscheidung gut für dich an? Dann genieße das Gefühl und freu dich auf das, was dich erwartet. Sollten doch noch Zweifel aufkommen, geh noch einmal in die verschiedenen Möglichkeiten hinein.

Der Zeitpunkt, um deine Meditation langsam zu beenden, ist dann gekommen, wenn du glücklich oder zumindest zufrieden mit deiner Entscheidung bist.

Konzentriere dich wieder auf deinen Atem. Wenn dich die Meditation ein wenig aufgewühlt hat, ist das vollkommen normal und okay. Du kannst deine ruhige Atmung nutzen, um die Anspannung auszuatmen. Atme bewusst durch die Nase ein und langsam und vollständig durch den Mund wieder aus.

Schenk dir selbst ein liebevolles Lächeln. Du hast in dir selbst die Antwort gefunden. Fühlt sich das nicht schön an?

Bewege dich etwas, streck dich, wenn du möchtest, und wenn du so weit bist, dann öffne deine Augen.

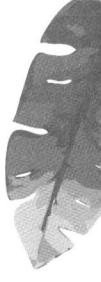

Bei Lampenfieber und Prüfungsangst

Die Gründe für Prüfungsangst und Lampenfieber sind sehr vielfältig. Meistens hängen sie aber damit zusammen, dass wir uns die Zukunft negativ ausmalen. Wir stellen uns vor, was während eines Auftritts alles schiefgehen könnte, dass die Stimme versagt, man rot anläuft oder sogar einen totalen Blackout hat. Je länger und je genauer du dir solche Szenarien ausmalst, desto mehr verstärkt sich das ungute Gefühl in dir. Mit dieser Meditation wenden wir deine Visualisierungen ins Positive. So kannst du dich kraftvoll vorbereiten und deinem Lampenfieber entgegenwirken.

So geht's los

Du kannst diese Meditation am Tag deiner Prüfung oder deines Auftritts machen, um deine Angst in den Griff zu bekommen.

Zieh dich für deine Meditation an einen Ort zurück, an dem du die nächsten Minuten allein und ungestört bist und dich sicher und geborgen fühlst.

Mach es dir bequem, und wenn du so weit bist, dann schließ deine Augen.

Spüre in deinen Körper hinein. Bring deine Aufmerksamkeit zu deinem Atem und beobachte, wie er ein- und ausströmt. Du kannst auch einige tiefe Atemzüge machen, um etwas zur Ruhe zu kommen.

Deine Meditation

1. Denk an die kommende Situation. Lass sie vor deinem geistigen Auge ablaufen und schau, welche Bilder und Ängste auftauchen. Du kannst dir nun einmal die Erlaubnis geben, an all das zu denken, was deiner Meinung nach schiefgehen könnte. Lass es einen Moment lang zu.

2. Lass die Situation weiterhin vor deinem geistigen Auge ablaufen, zieh jetzt aber die Farben heraus, bis alles nur noch schwarz-weiß ist. Sobald du das geschafft hast, drehe auch den Ton ab.

3. Verkleinere nun das Bild immer weiter, bis es etwa die Größe einer Briefmarke hat. Dann lässt du die Briefmarke in einer Tasche verschwinden und tauschst sie gegen eine neue Briefmarke ein.

4. Stell dir eine kleine weiße Briefmarke vor und lass sie so groß wie eine Leinwand werden, auf der du eine neue Szene startest.

5. Diesmal stellst du dir vor, dass die Situation genauso abläuft, wie du es dir wünschst. Selbstsicher trittst du an, findest die richtigen Worte bzw. Antworten und begeisterst mit Leichtigkeit Publikum oder Prüfer. Mit Freude berichtest du hinterher allen von deinem Erfolg.

6. Mal dir die Szenerie in den schönsten, sattesten Farben aus und lass sie immer größer, lauter und farbenfroher werden, sodass du regelrecht in ihr baden kannst und sie dich vollkommen umgibt. Erlaube dir, die Szene zu erleben, als wäre sie bereits Realität geworden, und lass ein Lächeln sich auf deinem Gesicht ausbreiten.

Zum Schluss

Genieße deinen Erfolg noch einen Moment in vollen Zügen. Je öfter und lebendiger du deinen kommenden Erfolg visualisierst, desto besser kannst du dem Lampenfieber entgegenwirken.

Bring deine Aufmerksamkeit liebevoll zurück zu deinem Atem. Atme tief durch die Nase ein und langsam und vollständig durch den Mund wieder aus. Spüre, wo dein Atem deinen Körper betritt und wo er ihn wieder verlässt.

Nimm wieder den Raum um dich herum wahr und spüre die Unterlage unter dir. Dann bewege deine Hände und Füße ganz leicht. Mach dich groß: Strecke dich und schenk dir ein breites Lächeln, denn das hast du wirklich großartig gemacht. Atme noch einmal tief durch, und wenn du so weit bist, dann öffne deine Augen.

Tipp

Wenn du zu starker Prüfungsangst oder Lampenfieber neigst, dann empfehle ich dir, bereits ein paar Tage vor dem eigentlichen Termin mit der Meditation zu beginnen und sie täglich zu wiederholen.

Anhang

Was ich dir noch sagen möchte

Ich hoffe, dass dir die Meditationen in diesem Buch in vielen Situationen weiterhelfen können. Was ich dir noch auf deinen Weg mitgeben möchte: Keine der Anleitungen ist in Stein gemeißelt, und wenn du möchtest und Freude daran hast, kannst du sie ganz nach deinen Bedürfnissen anpassen. Wenn dir während der Meditation ein anderer Weg als in der Anleitung in den Sinn kommt, dann folge ihm bzw. deiner Intuition. Es gibt keinen Grund für übermäßigen Ehrgeiz und Perfektionismus beim Meditieren. Die Zeit deiner Meditation ist deine persönliche Me-Time: deine Zeit für dich, in der du dich wohlfühlen darfst.

Einige der Meditationen im Buch habe ich als geführte Meditation aufgenommen und zum Download auf meiner Website bereitgestellt. Auf paulinathurm.com/downloads-buch kannst du sie kostenlos herunterladen.

Für noch mehr geführte Meditationen empfehle ich dir meinen Podcast »Meditation für jeden Tag« mit weit über 100 kostenlosen Meditationen. Du findest ihn in allen gängigen Podcast-Apps, bei Streaming-Anbietern, wie Spotify, und natürlich auf meiner Website.

Ob du nun mit meiner Stimme als Begleitung oder mit den Anleitungen aus dem Buch meditierst: Ich freue mich, dass ich dir das Meditieren näherbringen und dir auf deinem Weg zu einem glücklichen und selbstbestimmten Leben zur Seite stehen darf.

Ich hoffe, wir werden noch viele schöne gemeinsame Meditationen erleben.

Paulina Thurm

Danke

Es macht mich sehr glücklich, dass es dieses Buch gibt und du es in Händen hältst. An dieser Stelle möchte ich darum den Menschen danken, die mich auf meinem Weg unterstützt haben.

Zunächst geht mein Dank an meinen Verlag, für die Möglichkeit, dieses Buch zu veröffentlichen. Tausend Dank an alle Menschen, die an diesem Buch mitgewirkt haben!

Weiterhin möchte ich all den Menschen Danke sagen, von denen ich lernen durfte, durch Kurse, Weiterbildungen, Bücher, Videos und Podcasts. Danke für das wertvolle Wissen, die Impulse und Inspirationen!

Ich möchte mich bedanken für all die wunderbaren Nachrichten, die persönlichen Geschichten und die Rückmeldungen, die mich zu meinen Meditationen und meinem Podcast erreichen. All das positive Feedback und die Bestärkungen bedeuten mir wahnsinnig viel!

Ein großer Dank geht an mein engstes Umfeld, an meine Eltern und an meine Freunde, die mich ermutigt haben und denen ich meine ersten aufgenommenen Meditationen vorgespielt habe. Danke, dass ihr mir den Rücken gestärkt

und jeden Fortschritt und Erfolg mit mir gefeiert habt.

Vor allem aber möchte ich mich bedanken bei dem Menschen, der mich bei allem am meisten unterstützt und ohne dessen Hilfe es wohl nie zu diesem Buch gekommen wäre. Danke, dass du so sehr an mich glaubst, dass du mir an schwierigen Tagen so viel Kraft gibst und dass durch dich die guten Tage noch so viel schöner sind. Tausend Dank, mein geliebter Mann.

Zu guter Letzt möchte ich mich bei dir bedanken. Danke, dass du dir selbst etwas Gutes tust und dass ich dich auf deinem Weg ein Stück begleiten darf.

Es ist wunderschön, dass es euch gibt!

Über die Autorin

Paulina Thurm wurde 1990 in Potsdam geboren und lebt derzeit mit ihrer Familie südlich von Berlin. Nach einer Laufbahn als Designerin absolvierte sie Ausbildungen in Meditation und anderen Entspannungstechniken. Seitdem widmet sie sich der Produktion von geführten Meditationen.

Im Januar 2019 gründete sie den Podcast »Meditation für jeden Tag«, heute Deutschlands bekanntester Meditationspodcast.

Links

Website: https://www.paulinathurm.com

Instagram: @paulinathurm

Youtube: Paulina Thurm

Podcast: »Meditation für jeden Tag«

Bildnachweis

S. 21, 46, 87: Shutterstock / NikVector

S. 29, 41: Shutterstock / Valenty

S. 37, 114, 142, 120: Shutterstock / Singleline

S. 56, 138: Shutterstock / Mikhail Gnatuyk

S. 72: Shutterstock / tetiana_u

S. 82: Shutterstock / Askhat Gilyakhov

S. 96: Shutterstock / Navalnyi

S. 101, 131: Shutterstock / OneLineStock.com

S. 106: Shutterstock / Derplan13

S. 158: Carolin Zahnert

Logo: Jessica Petersohn / www.die-seinerin.de